国家社会科学基金项目（18BMZ080）阶段性成果
新疆师范大学自治区文科基地新疆教师教育研究中心　资助
新疆维吾尔自治区“十三五”教育学重点学科　资助

NI ZHIDE YONGYOU DE
MEILI XINLING

你值得拥有的美丽心灵

郭薇　董莉　著

河北大学出版社
·保定·

你值得拥有的美丽心灵

NI ZHIDE YONGYOU DE MEILI XINLING

出 版 人：朱文富
责任编辑：翟永兴
助理编辑：冯喆圆
装帧设计：杨艳霞
责任校对：兰彩红
责任印制：常　凯

图书在版编目（CIP）数据

你值得拥有的美丽心灵 / 郭薇，董莉著．-- 保定：河北大学出版社，2021.11
ISBN 978-7-5666-1933-4

Ⅰ．①你… Ⅱ．①郭… ②董… Ⅲ．①大学生－心理健康－健康教育－教材 Ⅳ．① G444

中国版本图书馆 CIP 数据核字 (2021) 第 228233 号

出版发行：河北大学出版社
地址：河北省保定市七一东路 2666 号　邮编：071000
电话：0312-5073019　0312-5073029
邮箱：hbdxcbs818@163.com　网址：www.hbdxcbs.com
经　　销：全国新华书店
印　　刷：保定市北方胶印有限公司
幅面尺寸：170 mm × 240 mm
印　　张：11.75
字　　数：150 千字
版　　次：2021 年 11 月第 1 版
印　　次：2021 年 11 月第 1 次印刷
书　　号：ISBN 978-7-5666-1933-4
定　　价：39.00 元

序

对任何国家和地区来说，大学生都是社会发展的精英，都是影响政治走向、经济走向和文化走向的重要群体。中华民族的伟大复兴离不开心理健康的大学生。开展大学生的心理健康工作和心理建设工作是一项为民族复兴而凝心聚力的系统工程。

大学生需要面对成长中的种种困扰和麻烦：有对人际交往的渴望担忧，有对学业发展的迷茫困惑，也有对未来规划的焦灼不定。因为缺乏合适的应对策略，因为羞于向陌生人讲述自己的故事，很多大学生往往感到孤立无援，束手无策。

面对这些问题，每个大学生都期待有人能帮助他们找到一个解决问题的最佳方案。然而，因为所处的环境不同，每个人的成长经历也千差万别，没有人一开始就知道最佳或者最优的解决方案是什么。在实践中，我们发现，往往是在帮助学生厘清了很多矛盾的想法和复杂的情绪之后，最适宜的解决方案才会慢慢浮现出来。也正是在不断地尝试中，他们才逐渐学会并掌握了应对这些问题的方法、技能和策略。随着时代的发展，心理健康对个人的适应和发展越来越重要。因此，我们一直在思考写这样一本书：通过呈现具体的成长案例并提供相应的解决方法，使大学生理解心理健康在个体适应和发展中的作用和意义，主动反思自己的想法和观念，调整认知和行为，从而更好地实现自己的人生价值。基于这个目的，我们创作了这本面向大学生的心理健康指导手册——《你值得拥有的美丽心灵》。

这本书分三篇，共十章。第一篇包含两章内容，主要是帮助大学生了解和认识心理健康的内容、作用和价值，并介绍了心理健康自评量表，使大学生能够进行客观科学的自查自检。第二篇包含七章内容，围绕大学生常见的心理健康问题展开分析讨论。这些问题涉及自我认知与个人成长、学业发展、人际交往、恋爱、网络成瘾、生涯规划及哀伤应对等。结合具体的案例，从理论学习到问题解决逐一展开，并提供了适宜的探索任务，帮助大学生在实践层面获得更多的启发，更好地解决问题。第三篇在已有学习的基础上，从目标确立、行为激活和时间管理三个方面引导大学生在行动上有所改变。通过完成一系列探索任务，使大学生不断思考各种挑战和阻碍因素，帮助他们开启改变之旅，真正实现从认知到行动的转变。

这本书的价值就是陪伴在大学生身边，帮助大学生去追寻，去成长。如果你正处在一些困扰之中，有一些消极或者负面的情绪，请尝试翻开这本书，找到对自己有帮助的章节，跟随书中的指引去思考，去体验。我们相信，这本书可以让你拨开迷雾，扫除烦恼，更好地认识自我、发展自我。当代大学生充满希望，充满活力，一定能够开创一个更加美好的未来。

最后，衷心感谢为本书出版付出心血的专家和相关人员。他们是新疆师范大学教育科学学院院长赵建梅教授，新疆师范大学心理学院朱建芳、秦书锐、张敦丽和王蓓蓓四位研究生，河北大学出版社翟永兴编辑及相关工作人员。

限于学识，本书一定还有很多需要修改和完善的地方。我们真诚欢迎广大读者提出宝贵的意见和建议。

郭薇　董莉

2021 年 10 月

目　　录

第三篇　做一个行动派

第一篇

认识心理健康

RENSHI XINLI JIANKANG

第一章　心理健康概述

走进大学，大学生需要面对除了学习以外的更多的挑战：能力培养、社交、恋爱、择业等。然而，如何应对这些挑战与大学生的身心发展紧密联系在一起。纵观大学生的发展，生理发育已基本完成，但心理发展尚未成熟。大学生的自我认知仍比较局限，自我调节和自我控制能力还有待加强。他们在适应环境及应对学习、工作、生活和人际关系等问题时常会出现内心矛盾和冲突，有时候还会出现强烈的情绪困扰，甚至出现一系列的心理问题，从而影响大学生的成长。

第一节　何为心理健康

一、心理健康的概念

提及健康这一概念，躯体是否健康（即生理健康）往往会被首先想到，而心理健康总是会被忽视。随着社会的发展，“健康即无病”的观点早已转变为“生物—心理—社会医学模式”。早在 1989 年，世界卫生组织（WHO）已指出，健康不仅包括个体没有疾病、躯体健康，而且还包括心理健康、社会适应良好以及道德健康。心理健康是健康的重要组成部分。那什么是心理健康呢？

《简明不列颠百科全书》指出：心理健康是指个人心理在本身及环

境条件许可范围内所能达到的最佳功能状态，但不是十全十美的绝对状态。心理学家、社会学家、精神病学家都从不同的关注点对心理健康进行了解读，但都落脚在心理健康是一种个体能够保持稳定情绪、适应能力良好、能够很好地对情绪及行为进行调节的状态。

一般认为，心理健康是一种相对的状态，是指个体能够很好地适应环境，基本的心理活动过程内容完整、协调一致，表现在个体的认知、情感、意志行为均处于相对积极状态，能够正确认识自己，很好地调控自己的情绪、行为，正确对待外界影响，从而使心理保持平衡协调。

二、心理健康的标准

关于心理健康的标准，学术界一直没有统一的看法，但心理学家马斯洛和米特尔曼提出的“心理健康十条标准”得到了广泛的认可。这十条标准是：①充分的安全感；②充分了解自己，并对自己的能力做出适当的评价；③生活目标切合实际；④与现实的环境保持接触；⑤能保持人格的完整与和谐；⑥具有从经验中学习的能力；⑦能保持良好的人际关系；⑧适度的情绪表达与控制；⑨在不违背社会规范的条件下，能够恰当地满足个人的基本需要；⑩在集体要求的前提下，较好地发挥自己的个性。

国内的学者们也提出了一些心理健康标准，蔡焯基等（2012）认为中国人心理健康的六条标准是：①情绪稳定，有安全感；②认识自我，接纳自我；③自我学习，独立生活；④人际关系和谐良好；⑤角色功能协调统一；⑥适应环境，应对挫折。

这些标准可以帮助大学生更好地评估自身的心理健康水平，然而正确理解和运用心理健康标准，还需强调以下几点：

第一，心理健康的状态并不是固定不变的，它是随着个体的成长、环境等情况的改变而动态变化的过程。

第二，心理健康标准作为一种理想目标，它为个体提升心理健康水平指明了方向。个体可以通过努力，不断地提升自己的心理健康水平。

第三，心理健康与否，不能从一时一事简单地做出结论。我们不能因为个体偶发的一些心理和行为问题，就判断这个人心理不健康，有心理疾病。

三、心理健康的影响因素

人的心理活动是一个极为复杂的动态过程，因此影响心理健康的因素也是复杂、多样的。下文将从生物因素、心理因素和环境因素三个角度进行分析。

（一）生物因素

1. 遗传

遗传在很大程度上决定了我们的先天生理基础。大量的研究证实，父母患有精神分裂症会增加子女患病的风险，特别是酗酒、多动症、重性精神疾病（如精神分裂症、双相情感障碍）。值得说明的是，个体是否表现出心理问题乃至心理异常，与后天环境的影响关系密切，遗传并不是决定性因素。

2. 脑损伤或躯体疾病

脑外伤、脑震荡或脑肿瘤等可能会造成心理异常，出现智力低下、意识障碍、语言障碍乃至人格改变。一些慢性疾病、癌症等难以治愈的疾病以及外力导致的身体残疾也会导致人的情绪行为问题，如情绪不稳定、暴怒、紧张、焦虑、抑郁等，严重的会发展为各种心理障碍。但是随着疾病的适应或躯体症状的好转，有些心理症状也会减轻乃至消除。

（二）心理因素

1. 认知因素

从社会心理学的角度来看，认知指个体对他人、自我、社会关系、社会规则等社会性客体和社会现象及其关系的感知和理解的心理活动。简单来说即个体对某一事件的认识和看法。人们之所以对同样的事物做出完全不同的描述、不同的情感体验与行为反应，是因为个体赋予了事物不同的意义与解释。因此，认知结构或图式指导着人们的信息加工过程。如果个体自动化地采用消极的图式，那么个体就会体验到更多的负面情绪，从而影响其心理健康和个人发展。

2. 性格特征

研究发现，大学生的自杀意念、孤独感、焦虑感与个体的性格特征有密切的关系。良好的性格特征（豁达、外向）有利于个体更好地适应环境，维护心理健康。多疑、敏感、孤僻、固执等性格特征对个体的心理发展有不利的影响。

（三）环境因素

1. 家庭环境与早期教养

家庭是孩子最初的成长环境。研究表明，父母的人格特征、父母的教养模式、父母之间的关系、亲子之间的关系都影响着孩子的心理健康。例如，权威型的教养方式（既对孩子及时地回应，表达爱，也同时对孩子提出合理的要求和行为管理），对孩子的心理健康最为有利。冷漠型的父母和亲子关系（父母对孩子有过多的否认、拒绝），会导致孩子焦虑、退缩等负面情绪和行为。

2. 学校因素

学校生活是个体社会化的重要途径。研究表明，学校的教学内容、教育方式、教学氛围、管理制度、师生关系与大学生的心理健康都紧密相关。在学校中，学习压力的繁重、人际关系的紧张、对心理素质培养的忽视都会对大学生的心理产生消极影响。

3. 社会因素

随着科技的飞速进步和互联网等的普及，人们的价值选择更加多元化，大学生常常感到迷茫和焦虑。随着外在刺激和各种诱惑的增多，大学生面临着更多的心理考验。社会文化、风俗习惯、传统观念都会影响个体的心理和行为。不良的社会道德和负能量事件常常会影响大学生的心理健康发展。以颓废、悲观和绝望等情绪为代表的“丧文化”的流行，特别是网络媒体中的一些享乐主义、色情、厌世等负面内容，会对大学生的心理健康产生一定的冲击。此外，偶发的重大生活事件也往往是影响个体心理健康的重要因素。

综上所述，心理健康的影响因素是多方面的，以上各类因素相互联系，需要进行综合考虑。

四、心理健康对生活的意义

曾经有这样一个比喻形象地阐明了健康的重要性：健康就好比数字“1”，财富、地位、家庭、理想等就好比数字“0”，有了这个“1”，“0”才有意义；反之，没有“1”，一切都等于零。心理健康作为健康的重要组成部分，对大学生完成学业、赢得友谊和爱情、促进个人发展具有重要意义。

（一）心理健康是幸福的源泉

研究发现，心理健康的人能够保持乐观的心态，给自己带来快乐，与他人建立和谐的关系，经常体验到幸福感，同时也能把快乐传递给他人，用快乐去温暖和感染他人。不仅如此，个体的心理健康还会促进身体健康。在面对疾病时，积极的心理因素往往作为保护因素，会通过影响免疫系统的功能来促进身体康复。

（二）心理健康是大学生顺利完成学业的有效保障

近年来，因严重的心理疾病而休学、退学的人数在逐渐增加。情绪行为问题常常影响到个体的学习和生活。在学业上，主要表现为无法集中注意力、学习效率低等。因而，大学生的心理危机干预得到了各个高校的重视，各级干预网络都在积极发挥作用，为大学生的心理健康保驾护航，也为大学生顺利完成学业提供了支持。

（三）心理健康是大学生适应现代社会的重要资本

随着社会的飞速发展，时代对人才的要求有了更高的期待。走进职场，不仅要求大学生具有专业知识和技能，对大学生的心理素质也有了较高的要求，特别是要求大学生具有较强的适应能力、人际沟通能力和抗压能力。因此，心理健康是大学生求职、择业的重要资本。

第二节　心理状态面面观

在临床心理学中，将个体心理状态划分为两类：心理正常和心理异常。其中，将心理正常分为心理健康和心理不健康，而心理异常就是我们所说的心理疾病。如图 1-1 所示：

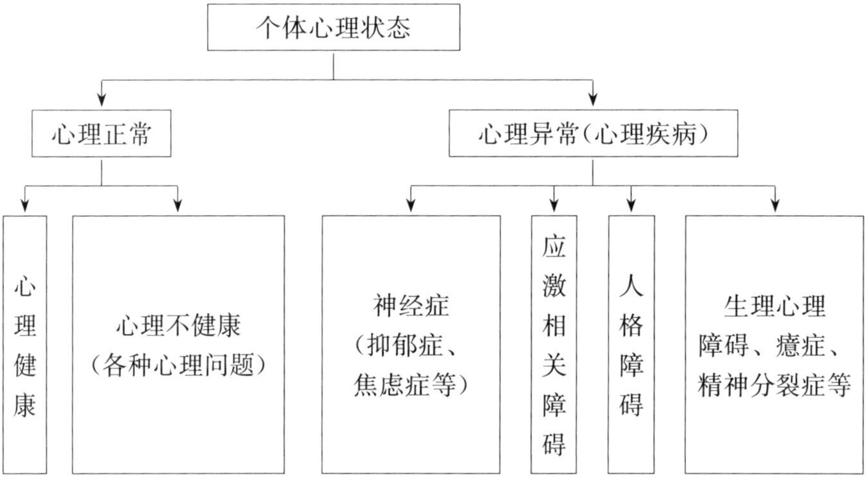

图 1-1　个体心理状态

一、心理正常与心理异常

（一）概念界定

心理正常是指具备正常的心理活动，或者说是不包含精神病症状的心理活动。

心理异常是指具有典型精神症状（如认知障碍、情绪情感障碍、意志行为障碍等）的心理活动，具体包括确诊的神经症、应激相关障碍、人格障碍、生理心理障碍、癔症、精神分裂症及其他各类精神障碍。遇到这些问题，通常需要寻求心理治疗师和精神科医生的帮助。

（二）区分“正常”与“异常”的三原则

现在，我们依据郭念锋（2015）的“正常”与“异常”的三原则来进行区分。

1. 主观世界与客观世界的统一性原则

心理是对客观现实的反映，人的心理活动及行为是否与客观现实保持一致是非常重要的指标。举例来说：如个体出现了幻听（听到了什么声音）、幻视（看到了什么东西），但客观现实中并没有出现引起这种感觉的刺激物。又如个体出现了妄想，思维内容脱离现实、逻辑混乱。出现这种情况，我们就会判断个体缺乏自知力，主客观世界不统一，处于异常状态。

2. 心理活动的内在协调性原则

人的认知过程、情绪情感过程和意志行为过程相互协调一致。个体遇到伤心的事情时会伤心，遇到开心的事情时会开心，能够准确、有效地反映客观世界。如果个体对悲伤的事情做出快乐的反应，我们就会判断他的心理活动失去了内在协调性，出现异常状态。

3. 人格的相对稳定性原则

人格的形成是一个长期的过程。个体在自己的生活环境中会逐渐形成独特的个性特征，这些特征具有相对稳定性。如果未发生重大的生活事件或刺激，人格特质发生了转变，我们就会考虑他是否出现了异常状况。

二、聚焦心理不健康

（一）心理不健康与心理疾病的区别

首先，心理不健康和心理疾病是两个性质的问题。心理不健康描述的是心理健康的水平较低，仍属于心理正常的范畴。心理不健康包括一般心理问题和严重心理问题，含部分可疑神经症。而心理疾病这一概念，对应的是心理异常，表现为主观世界与客观世界不统一、心理活动失去了内在协调性或人格不稳定。心理疾病包括神经症、应激相关障碍、人格障碍、生理心理障碍、癔症、精神分裂症等。

其次，提供服务者不同。心理咨询师的工作对象是心理不健康的个体，而精神科医生、心理治疗师的工作对象是患有心理疾病的个体。前者没有处方权，后者可以进行药物干预。

（二）心理健康与心理疾病的关系

心理健康与心理疾病并不是割裂的对立状态。在人生的不同阶段，一个心理健康的人可能因为内外环境的变化向心理疾病的一端移动，一个有心理疾病的人可能会通过自身的努力、医院的治疗以及心理咨询成为一个心理健康的人。二者其实并没有绝对的界限，而是处于一个连续体中的不同位置上。

我们可以将心理健康到心理疾病比作一条颜色从白到黑渐变的线，它是一个连续变化的过程。白色一端代表心理健康，黑色一端代表严重的心理疾病，在白色和黑色之间存在着渐变的灰色区，大多数人都处在灰色区域内。

从白色到浅灰色，就说明心理健康水平在走下坡路。浅灰色区域的人开始有了一些心理冲突，如人际冲突和学习焦虑造成的心理失衡，表现为情绪的波动大或者是一些行为问题。随着这些问题的持续恶化，就进入到了灰色或深灰色区域。随着这些问题的好转，又会回到白色区域。深灰色区域的人则表现为种种心理障碍，如抑郁症、焦虑症、强迫症等。颜色更深的状态则是人格障碍、精神分裂症等精神障碍。

（三）大学生常见的心理问题

大学生常见的心理问题大多处于浅灰色区域，属于心理不健康的范畴。其实，每个人一生中都难免会遇到一些心理困扰，我们需要合理看待心理问题。它都是发展性的问题，即个体未能顺利完成某一阶段的发展任务就可能会出现的问题，这也是常人都会遇到的问题。处于此状态的人一般仍能够进行日常的学习、工作及生活，只是情绪体验痛苦感大于愉快感。大部分人可以通过自身努力调整，小部分人如果长时间未能缓解则需要寻求心理咨询师的帮助。

1. 自我认知与个人成长问题

自我认知旨在回答“我是谁”的问题，是个体对自我所进行的心理活动，包括自我感觉、自我观察和自我评价等。心理学家埃里克森指出，青年期的重要课题是确立和形成自我同一性。大学生如何看待自己，“理想自我”如何实现都是这一时期要明晰和解决的问题。例如，有的大学生很自卑，遇到一些挫折和压力，很容易产生消极情绪，乃至产生严重的心理问题。

2. 学业问题

大学的学习环境、学习内容、学习方法和学业管理等都与高中有很大差异。除了要完成本专业的学习任务以外，大学生还要面对各级各类的考试和培训。很多大学生表现出学习方法不当，学习困难；学习目标不明确，迷茫；缺乏学习动力，学习倦怠；学习压力过大，学习焦虑；等等。

3. 人际关系问题

人际关系问题是大学生中较为普遍的问题。大学中的人际关系相对于中学更复杂、更多样。大学生往往来自不同的省市，彼此的差异性大，交往中会引发更多的冲突。如果大学生不能有效地处理人际冲突、改善不良沟通，就会处在关系紧张的情境中，往往会陷入苦闷和焦虑等一系列负面情绪中，严重影响大学生的生活质量和幸福感。

4. 恋爱问题

大学生谈恋爱是一个相对普遍的现象。处于青年期的大学生，在生理上、心理上都趋于成熟，对爱情处于向往和实践的阶段。但一些大学生在恋爱中不能很好地处理恋爱与学业、个人规划之间的关系，不能理智地处理恋爱中的矛盾，从而出现很多情感困惑。如果处理不好这些问题，个体就会出现强烈的情绪波动，造成严重的心理失调，甚至出现极端的行为。

5. 网络成瘾问题

随着互联网的发展，网络成瘾问题逐渐走入大众视野。随着智能手机的功能日趋强大，大学生的社交、学习、生活和娱乐都离不开手机。大学生“机不离手”，甘当“低头族”。大学生对网络的使用已经成为一种依赖，从电脑到手机，网络成瘾也成为普遍现象。这不仅占用了大量的时间，还影响了大学生的学习和生活，甚至出现了人格失常、情感反应障碍和行为问题，严重危害到大学生的身心健康。

6. 生涯与就业问题

一些大学生在高中时期一直以考上一所知名的大学为人生目标，但当考上大学之后，因为缺少生涯规划，对自己的未来感到很迷茫，找不到人生的意义和努力的方向。与此同时，就业形势严峻，导致一些大学生在巨大的就业心理压力下出现了严重的心理困扰。

7. 哀伤

面对丧失时，我们常常会引发一系列的哀伤反应，生理上和心理上都会产生强烈的不适感。特别是面对亲人、挚友的丧失时，有些大学生长时间沉湎于悲痛的情绪中，无法正常地学习、工作、生活，有些大学生长时间压抑自己的悲痛，出现一系列的身心问题，还有些大学生以情感隔离的方式拒绝和他人建立关系。这都严重影响了大学生的身心健康。

本书将围绕以上七类常见的心理健康问题展开分析，为读者呈现案例，从而为大学生更好地应对心理健康问题提供帮助。

第二章　心理健康自评与应对

第一节　心理健康自评

目前心理健康自评问卷有很多。“90 项症状清单（SCL-90）”① 作为世界上最著名的心理健康测验之一，是当前使用最广泛的心理健康自评量表，可以用来评定个体在感觉、情绪、思维、行为及人际关系、饮食睡眠等方面的心理健康状况。本节将通过“90 项症状清单（SCL-90）”帮助你对自己的心理健康状况进行自测自评。请先完成问卷自评，再查阅后面的问卷计分和解释。

一、问卷自评

请你仔细阅读“90 项症状清单（SCL-90）”中的每一个条目，然后根据自己最近一周的实际感受，在题后的 5 个方格中选择一格，画一个“√”。其中，“没有”选 1，“很轻”选 2，“中等”选 3，“偏重”选 4，“严重”选 5。答案没有好坏之分，请根据你的实际情况作答。

---

① 戴晓阳主编，《常用心理评估量表手册》，人民军医出版社，2015。

表 2-1 90 项症状清单（SCL-90）

题项	没有	很轻	中等	偏重	严重
	1	2	3	4	5
1. 头痛	□	□	□	□	□
2. 神经过敏，心中不踏实	□	□	□	□	□
3. 头脑中有不必要的想法或字句盘旋	□	□	□	□	□
4. 头昏或昏倒	□	□	□	□	□
5. 对异性的兴趣减退	□	□	□	□	□
6. 对旁人责备求全	□	□	□	□	□
7. 感到别人能控制我的思想	□	□	□	□	□
8. 责怪别人制造麻烦	□	□	□	□	□
9. 忘性大	□	□	□	□	□
10. 担心自己的衣饰整齐及仪态的端正	□	□	□	□	□
11. 容易烦恼和激动	□	□	□	□	□
12. 胸痛	□	□	□	□	□
13. 害怕空旷的场所或街道	□	□	□	□	□
14. 感到自己的精力下降，活动减慢	□	□	□	□	□
15. 想结束自己的生命	□	□	□	□	□
16. 听到旁人听不到的声音	□	□	□	□	□
17. 发抖	□	□	□	□	□
18. 感到大多数人都不可信任	□	□	□	□	□
19. 胃口不好	□	□	□	□	□
20. 容易哭泣	□	□	□	□	□
21. 同异性相处时感到害羞不自在	□	□	□	□	□
22. 感到受骗、中了圈套或有人想抓住我	□	□	□	□	□
23. 无缘无故地突然感到害怕	□	□	□	□	□

续表 1

题项	没有	很轻	中等	偏重	严重
	1	2	3	4	5
24. 自己不能控制地大发脾气	□	□	□	□	□
25. 怕单独出门	□	□	□	□	□
26. 经常责怪自己	□	□	□	□	□
27. 腰痛	□	□	□	□	□
28. 感到难以完成任务	□	□	□	□	□
29. 感到孤独	□	□	□	□	□
30. 感到苦闷	□	□	□	□	□
31. 过分担忧	□	□	□	□	□
32. 对事物不感兴趣	□	□	□	□	□
33. 感到害怕	□	□	□	□	□
34. 我的感情容易受到伤害	□	□	□	□	□
35. 旁人能知道我的内心想法	□	□	□	□	□
36. 感到别人不理解我、不同情我	□	□	□	□	□
37. 感到人们对我不友好，不喜欢我	□	□	□	□	□
38. 做事必须做得很慢，以保证做得正确	□	□	□	□	□
39. 心跳得很厉害	□	□	□	□	□
40. 恶心或胃部不舒服	□	□	□	□	□
41. 感到比不上他人	□	□	□	□	□
42. 肌肉酸痛	□	□	□	□	□
43. 感到有人在监视我，谈论我	□	□	□	□	□
44. 难以入睡	□	□	□	□	□
45. 做事必须反复检查	□	□	□	□	□
46. 难以做出决定	□	□	□	□	□

续表 2

题项	没有	很轻	中等	偏重	严重
	1	2	3	4	5
47. 怕乘电车、公共汽车、地铁或火车	□	□	□	□	□
48. 呼吸有困难	□	□	□	□	□
49. 一阵阵发冷或发热	□	□	□	□	□
50. 因为感到害怕而避开某些东西、场合或活动	□	□	□	□	□
51. 脑子变空了	□	□	□	□	□
52. 身体发麻或刺痛	□	□	□	□	□
53. 喉咙有梗塞感	□	□	□	□	□
54. 感到前途没有希望	□	□	□	□	□
55. 不能集中注意力	□	□	□	□	□
56. 感到身体的某一部分软弱无力	□	□	□	□	□
57. 感到紧张或容易紧张	□	□	□	□	□
58. 感到手或脚发重	□	□	□	□	□
59. 想到死亡的事	□	□	□	□	□
60. 吃得太多	□	□	□	□	□
61. 当别人看着我或谈论我时感到不自在	□	□	□	□	□
62. 有一些不属于我自己的想法	□	□	□	□	□
63. 有想打人或伤害他人的冲动	□	□	□	□	□
64. 醒得太早	□	□	□	□	□
65. 必须反复洗手、点数目或触摸某些东西	□	□	□	□	□
66. 睡得不稳不深	□	□	□	□	□
67. 有想摔坏或破坏东西的冲动	□	□	□	□	□
68. 有一些别人没有的想法或念头	□	□	□	□	□
69. 感到对别人神经过敏	□	□	□	□	□

续表 3

题项	没有	很轻	中等	偏重	严重
	1	2	3	4	5
70. 在商店或电影院等人多的地方感到不自在	□	□	□	□	□
71. 感到任何事情都很困难	□	□	□	□	□
72. 一阵阵恐惧或惊恐	□	□	□	□	□
73. 感到在公共场合吃东西很不舒服	□	□	□	□	□
74. 经常与人争论	□	□	□	□	□
75. 单独一人时神经很紧张	□	□	□	□	□
76. 别人对我的成绩没有做出恰当的评价	□	□	□	□	□
77. 即使和别人在一起也感到孤单	□	□	□	□	□
78. 感到坐立不安，心神不定	□	□	□	□	□
79. 感到自己没有什么价值	□	□	□	□	□
80. 感到熟悉的东西变成陌生或不像是真的	□	□	□	□	□
81. 大叫或摔东西	□	□	□	□	□
82. 害怕会在公共场合昏倒	□	□	□	□	□
83. 感到别人想占我的便宜	□	□	□	□	□
84. 为一些有关“性”的想法而很苦恼	□	□	□	□	□
85. 我认为应该因为自己的过错而受到惩罚	□	□	□	□	□
86. 感到要赶快把事情做完	□	□	□	□	□
87. 感到自己的身体有严重问题	□	□	□	□	□
88. 从未感到和其他人很亲近	□	□	□	□	□
89. 感到自己有罪	□	□	□	□	□
90. 感到自己的脑子有毛病	□	□	□	□	□

二、问卷计分

（一）问卷题项简介

该问卷包括 90 个条目，共 10 个因子，即躯体化、强迫症状、人际关系敏感、抑郁、焦虑、敌对、恐怖、偏执、精神病性和其他。每个因子对应的题项如下：

（1）躯体化：包括 1、4、12、27、40、42、48、49、52、53、56 和 58，共 12 项。该因子主要反映主观的身体不适感。

（2）强迫症状：包括 3、9、10、28、38、45、46、51、55 和 65，共 10 项。该因子主要反映个体在临床上的强迫症状。

（3）人际关系敏感：包括 6、21、34、36、37、41、61、69 和 73，共 9 项。该因子主要反映个体的不自在感和自卑感，尤其是在与他人相比较中的感受。

（4）抑郁：包括 5、14、15、20、22、26、29、30、31、32、54、71 和 79，共 13 项。该因子反映的是与临床上抑郁症状群相联系的个人体验。

（5）焦虑：包括 2、17、23、33、39、57、72、78、80 和 86，共 10 项。该因子反映的是临床上明显与焦虑症状群相联系的精神症状及体验。

（6）敌对：包括 11、24、63、67、74 和 81，共 6 项。该因子主要从思维、情感及行为三方面来反映个体的敌对表现。

（7）恐怖：包括 13、25、47、50、70、75 和 82，共 7 项。它与传统的恐怖状态所反映的内容基本一致。

（8）偏执：包括 8、18、43、68、76 和 83，共 6 项。该因子主要是指猜疑和关系妄想等。

（9）精神病性：包括 7、16、35、62、77、84、85、87、88 和 90，共 10 项。其中包括幻听、思维被控制和被洞悉感等症状。

（10）其他：包括 19、44、59、60、64、66 和 89，共 7 项，主要反映睡眠及饮食情况。

（二）计分细则

统计分数时，需要算出个体的总分和因子分，并填入表 2-2。

（1）总分：90 个项目单项分相加之和。

（2）因子分：每个因子的项目平均分。

$$因子分=\frac{组成该因子的项目总分}{组成该因子的项目数}$$

表 2-2 “90 项症状清单（SCL-90）”评分表

项目	总项总分	因子分
1. 躯体化		
2. 强迫症状		
3. 人际关系敏感		
4. 抑郁		
5. 焦虑		
6. 敌对		
7. 恐怖		
8. 偏执		
9. 精神病性		
10. 其他		
总分		

三、问卷解释参考

（一）总分的基本解释

按全国常模结果：总分超过 160 分，则表明个体目前的心理健康水平可能较低；任一因子分超过 2 分，即超出正常均分，则表明个体在该方面可能有心理健康方面的困扰或问题。这两种情况均有必要进一步检查。

（二）因子分的症状详解

“90 项症状清单（SCL-90）”中包括 10 个因子，每一个因子反映出个体某方面的症状情况，通过因子分可了解症状的分布特点。

1. 躯体化

躯体化主要反映身体不适感，包括心血管、胃肠道、呼吸和其他系统的不适，以及头痛、背痛、肌肉酸痛等躯体不适表现。因子分在 3—5 分之间，表明个体在身体上有明显的不适感，并常伴有头痛、肌肉酸痛等症状；在 1—2 分之间，躯体症状表现不明显。总的说来，得分越高，躯体的不适感越强；得分越低，症状越不明显。

2. 强迫症状

强迫症状主要指那些明知没有必要，但又无法摆脱的无意义的思想、冲动和行为，以及一些比较一般的认知障碍的行为特征。因子分在 3—5 分之间，强迫症状较明显；在 1—2 分之间，强迫症状不明显。总的说来，得分越高，表明个体越无法摆脱一些无意义的行为、思想和冲动，并可能表现出一些认知障碍的行为征兆；得分越低，表明个体在此种症状上表现越不明显。

3. 人际关系敏感

人际关系敏感主要是指个体对某些人际关系的不自在与自卑感，特别是在与其他人相比较时更加突出。例如，在人际交往中的心神不安、紧张焦虑，以及伴有的不良自我暗示和消极期待等。因子分在 3—5 分之间，表明个体的人际关系较为敏感，人际交往中的自卑感较强，并伴有行为症状，如坐立不安、退缩等；在 1—2 分之间，表明个体在人际关系上较为正常。总的说来，得分越高，个体可能在人际交往中存在的问题就越多，自卑、自我中心突出，表现出消极的期待；得分越低，个体在人际关系上越能应付自如，人际交流自信、胸有成竹，并抱有积极的期待。

4. 抑郁

抑郁以苦闷的情感与心境为代表性症状，以生活兴趣的减退、动力缺乏、活力丧失等为特征，表现出失望、悲观以及与抑郁相联系的认知和躯体方面的感受，还包括出现有关死亡的观念和自杀想法。因子分在3—5分之间，表明个体的抑郁程度较强，对生活缺乏足够的兴趣，缺乏运动活力，极端情况下可能会有自杀的想法；在1—2分之间，表明个体的抑郁程度较弱，生活态度乐观积极，充满活力，心情愉快。总的说来，得分越高，抑郁程度越明显；得分越低，抑郁程度越不明显。

5. 焦虑

焦虑一般指那些烦躁不安、神经过敏、紧张以及由此产生的躯体症状。因子分在3—5分之间，表明个体较易焦虑，易表现出烦躁、不安静和神经过敏等症状，极端时可能出现惊恐发作；在1—2分之间，表明个体不易焦虑，易表现出安静的状态。总的说来，得分越高，焦虑表现越明显；得分越低，焦虑问题越不严重。

6. 敌对

敌对主要从思想、情感及行为三方面来反映，具体包括厌烦的感觉、摔物、争论直到不可控制的脾气爆发等各方面。因子分在3—5分之间，表明个体易表现出敌对的思想、情感和行为；在1—2分之间，表明个体容易表现出友好的思想、情感和行为。总的说来，得分越高，个体越容易敌对，好争论，脾气难以控制；得分越低，个体的脾气越温和，待人友好，不喜欢争论，无破坏行为。

7. 恐怖

恐怖的对象包括出门旅行、空旷场地、人群或公共场所和交通工具。此外，社交恐怖也包含在其中。因子分在3—5分之间，表明个体恐怖症状较为明显，常表现出社交、广场和人群恐惧；在1—2分之间，表明个体的恐怖症状不明显。总的说来，得分越高，个体越容易对一些场所和物体产生恐惧心理，并伴有明显的躯体症状；得分越低，个体越不易产生恐惧心理，越能进行正常的人际交往和活动。

8. 偏执

偏执主要指投射性思维、敌对、猜疑、妄想、被动体验和夸大等表现。因子分在3—5分之间，表明个体的偏执症状明显，较易猜疑和敌对；在1—2分之间，表明个体的偏执症状不明显。总的说来，得分越高，个体越易偏执，表现出投射性的思维和妄想；得分越低，个体越不易走极端。

9. 精神病性

精神病性反映各式各样的精神病性的急性症状和行为。因子分在3—5分之间，表明个体的精神病性症状较为明显；在1—2分之间，表明个体的精神病性症状不明显。总的说来，得分越高，越多表现出精神病性症状和行为；得分越低，就越少表现出这些症状和行为。

10. 其他（睡眠、饮食等）

其他项目主要反映睡眠及饮食情况。因子分在3—5分之间，表明个体可能存在一定的睡眠及饮食问题；在1—2分之间，表明这些症状不明显。

需要注意的是，总分和因子分的解释均使用了“很可能”这一表述，问卷的得分并不能决定个体是否就患有某一心理疾病，还有待于进一步检查。如果个体的因子分较高（≥3），建议去找心理咨询师做进一步评估。“90项症状清单（SCL-90）”只能说明个体填表时呈现的状态，每个人可以结合自己的测评结果和实际情况选择适合的解决策略。

第二节 寻找合适的解决策略

目前，关于心理困扰的解决策略包括积极寻找自己的社会支持网络、阅读自助类图书、寻求心理咨询师的帮助、去医院心理科就医等。这些策略可以在同一时段被同时采用，也可以在某一时段选用其中一个或几个，这完全取决于个体的需要。具体情况分析如下：

一、个人自助策略

大学生的很多心理困扰都可以通过积极寻找自己的社会支持网络、阅读自助类图书等策略来解决。

（一）社会支持网络

心理学研究表明，个体的心理健康与社会支持水平呈正相关。一般而言，社会支持是个体心理健康的一个保护因素。大学生可以通过积极寻找社会支持网络，帮助自己应对压力和挑战，维护身心健康。例如，大学生可以结合自身的兴趣爱好、居住远近等因素积极发展自己的支持团体，也可以将家长、同学、老师和心理咨询师都纳入自己的社会支持网络。在遇到困难和挫折时，可以对信赖的团体或个体敞开心扉，寻求帮助，并获得支持。

（二）自助图书

阅读自古以来就具有启迪思考、促进领悟和抚慰心灵的力量。有心理困扰的个体可以通过阅读适合的素材、调节自身的情绪和行为自我疗愈，找到恢复身心平衡的力量。自助类的心理学图书有很多，涉及自我认知、压力管理、人际关系、生命意义以及行为改变多个领域。附录推荐了一些可读性较高的心理学图书，供大家查阅。

二、学校心理健康服务

通常来说，当个体出现两周以上的情绪困扰，而且曾经尝试过的自我调节策略都不起作用，影响到正常的学习、工作及生活时，你就需要寻求专业人员的帮助了。一般而言，高校的心理健康服务机构都会为大学生提供团体心理辅导和心理咨询服务，为大学生的心理健康保驾护航。

（一）团体辅导

团体辅导，又称“神奇的圆圈”，是指运用团体情境，针对特定主题，设计出活动、课程，通过团体内人际交互作用，促使个体在交往中通过观察、学习、体验、反思、分享，从而对其心理状态产生积极的影响，提高其心理健康水平的过程。它是面向普通人群开展的一种预防性、发展性的工作。目前，团体辅导已成为学校心理健康教育工作的重要组成部分。

在个体成长的不同阶段，需要有不同的团体来支持。小到家庭，大到社会，个体的需要和期望在团体中才会得到更好的满足。因此，团体对个人的成长和发展至关重要。心理学的研究表明，在帮助那些有着共同成长任务和类似心理困扰的个体时，团体辅导是一种经济而有效的方法。个体可以在团体互动的过程中重新去面对自己的问题，在团体这个试验场去学习、改变。大学生都处在相似的身心发展阶段，有共同要面对的发展任务和成长困扰，如学业、交友、人际关系等方面问题。因而，大学生可以积极参加团体辅导活动，在团体中找到共鸣，运用团体的力量提升自己的心理健康水平。

（二）心理咨询

“心理咨询”这个词，可能你并不陌生，但你是否对它有正确的理解呢？下面的问题是否早已萦绕在你的心间，引发你对心理咨询的一些担心呢?

其实，心理咨询常常在媒体和影视剧作品中被塑造成两个极端，一种是被神话，让大家觉得心理咨询无所不能、包治百病，心理咨询师什么都可以看出来。另一种是被污名化，让人们认为去做心理咨询的人都有精神病或者是心理变态，去做心理咨询是很丢脸的一件事。那么，事实是怎样的呢？下面我们将带你了解真实的心理咨询。

1. 心理咨询的概念

心理咨询是指心理咨询师运用心理学的理论和技术，帮助求助者解决问题的过程。它并不是咨询师直接告诉来访者一个完美的解决办法，而是咨询师与来访者一起探索的“助人自助”的过程。咨询师通过与来访者建立安全、信任和理解的关系，帮助来访者觉察自身的问题，改变原有僵化的认知模式和行为模式，使来访者能够悦纳自己、增强适应能力、挖掘个人潜能，从而促进身心健康的过程。

心理咨询有不同的理论流派，各个流派的咨询效果并没有显著的差异，只是从不同的角度来分析问题、解决问题而已。特别要说明的是，催眠只是心理咨询技术中的一种，它并不神秘，对治疗梦游症、自杀倾向和考试焦虑等有很好的效果。不过，催眠也有局限性，它对来访者的要求很高，并不能适用所有的心理问题。

2. 心理咨询的类型

心理咨询依托不同的媒介，有电话咨询、信件咨询、网络咨询和面对面咨询等。其中，面对面咨询可以更全面地搜集来访者的信息，便于咨询师更有效地提供帮助，是目前首选的咨询方式。网络咨询因其不受地域限制的特点，有些高校也将其作为心理咨询服务的途径之一。

心理咨询按咨询对象的数量分为个体咨询和团体咨询。个体咨询是“一对一”的咨询方式，因其针对性强，保密性好，咨询效果好，是目前比较常见的咨询方式。团体咨询是“一对多的咨询方式”，咨询师可以同时对多位同一问题类型的来访者展开工作，能够运用团体成员间的互动促进成员的领悟和改变，但对个体的关注度较少。

大学生可以根据学校提供的心理咨询的服务类型进行选择。

3. 心理咨询的基本原则

（1）保密原则。保密是很多人在进行心理咨询时的一个重要要求，也是心理咨询过程中非常重要的原则之一。咨询师必须严格遵守保密原则，妥善保管个案资料，这也是来访者和咨询师建立彼此信任关系的基石。但如果来访者可能危及自己的生命（自杀或自残）或危及他人生命的时候，咨询师可以打破保密协议，第一时间与家长或相关人员进行联系。

（2）尽可能避免双重关系。心理咨询之所以有效果，一个非常重要的原因是单一关系的建立。咨询师能够客观看待来访者的问题，不会被其他关系所影响、利用或控制。因而在咨询中应避免出现双重关系，咨询师不能给自己的家人、朋友做心理咨询。如有特殊情况，咨询师需要告知来访者多重关系可能存在的风险，寻求专业督导，并做好相关记录，以确保多重关系不会影响自己的专业判断，并且不会对来访者造成不利影响。

（3）地点和时间设置。心理咨询必须在心理咨询室进行，以确保咨询的安全性。而且，心理咨询必须遵守一定的时间限制。一般单次咨询在 50—60 分钟之间，原则上不能随意延长咨询时间。

（4）发展性原则。发展性原则是指心理咨询要立足于来访者的心理发展。以大学生群体来说，心理咨询的目的是促进大学生的心理健康。大学生的身心发展有其特点，咨询师要用发展的眼光来看待大学生的问题，更多地启发、调动大学生的积极性，促进其潜能的发挥。

可见，心理咨询是一种职业行为，是专业人员提供的一种帮助和支持。心理咨询师会严格遵守以上原则开展心理咨询工作，确保来访者的身心不受伤害。

4. 心理咨询的对象

心理咨询的对象不是患者，而是在应对日常生活中的压力和任务方面需要帮助的正常人，并不是说去做心理咨询就是有精神疾病。心理咨询的主要对象是心理正常的个体，只是目前在一些方面，诸如自我认知、环境适应、学业、恋爱、人际、择业等遇到了问题，个人不能很好地应对，出现了困难和烦恼，靠自身努力无法缓解负面情绪，对自己的学习、工作、生活产生了一定的影响。通过心理咨询师的帮助，个体可以有效缓解情绪困扰，进一步提升心理素质，获得更好的生活质量。

对于康复期的心理疾病患者——通过临床的治疗已经出院（已由心理异常转为心理正常），这时在医生的建议下可以通过心理咨询帮助他们更好地进行生活、学习，防止疾病复发。

三、医院就医

一般情况下，当大学生的问题比较严重的时候，高校心理咨询中心的老师会建议其去医院就诊。在医院提供服务的是精神科医生和心理治疗师，治疗方式包括门诊治疗和住院治疗。心理疾病在大学生群体出现的概率较低，但对个体的学习、生活、工作破坏性较强，表现为强烈的心理反应（消极自我认知、痛苦感及行为），无法完成正常的学习、生活及工作。处于这种状态的个体大部分不能通过自我调整和非专业人员的帮助而解决问题。对于心理疾病的干预，仅靠心理咨询是远远不够的，去医院就医应是主要的治疗手段。个体如果能够遵医嘱，配合医生积极治疗，辅助心理咨询，往往可以取得较好的效果。以下列举几种常见的心理疾病：

（1）抑郁症。抑郁症是一种常见的心理疾病，一般女性高于男性。抑郁症的突出表现为情绪低落、丧失愉悦感、兴趣减退，感到生活没有意义，睡眠和饮食都受到影响，思维和反应迟缓并伴有无器质性损害的多种身体不适。抑郁症可能长期、反复发作，重度抑郁症自杀风险较高。轻度抑郁症通过心理咨询可以得到有效治疗，中度、重度抑郁症通常以抗抑郁药物为主，心理咨询为辅进行治疗。

（2）双相障碍。双相障碍包括躁狂期和抑郁期，中间也有情绪的正常期。抑郁期的表现与抑郁症相同，躁狂期的表现为情绪亢奋、过度活跃、自负、目空一切、反应敏捷、不知疲倦、睡眠需求少。有时伴有短暂的幻听、行为紊乱、冲动。混合发作时，躁狂期和抑郁期会在较短的时间内快速转换，个体感觉到非常痛苦。稳定的药物治疗和心理社会支持都是非常重要的治疗和干预手段。

（3）焦虑症。焦虑症的个体，不适感非常强烈。典型表现为发作性的或持续性的情绪紧张、恐惧，身体症状包括心跳加速、心悸、呼吸困难、肌肉紧张、头晕、出汗、胃肠不适等，但个体的紧张或惊恐程度与现实情境不符。焦虑症需要药物治疗与心理咨询相结合，放松训练、正念练习等都是很有效的自我训练方法。

（4）强迫症。强迫症的基本特征是反复出现强迫观念和强迫行为。个体很痛苦，知道没必要，但又无法控制，无法摆脱。强迫症的治疗是一个长期的过程，以药物治疗和心理行为治疗为主。但强迫行为并不等同于强迫症。很多人都会有一些强迫行为，只要个体不觉得痛苦，也不影响正常的学习、生活和工作，就不算有问题，不需要治疗。

（5）进食障碍。进食障碍最典型的两种病症是厌食症和贪食症。厌食症是一种以体重明显减轻、盲目追求瘦为主要特征的进食问题。他们的自我体像判断严重失常，虽然体型已很消瘦，但仍觉得自己在持续发胖。这种现象多发于女性，由于过度节食甚至还会引发闭经。贪食症是以反复发作的暴饮暴食，伴有防止体重增加的补偿行为，以及对自身体形和体重过分关注为主要特征的进食障碍。患者可能一直处于暴食—催吐/排泄的循环中。厌食症和贪食症常与其他精神障碍

（抑郁症、双相情感障碍、焦虑症、强迫症等）共同存在，个体需要住院治疗，配合药物和心理治疗，效果更好。心理咨询常常采用“家庭治疗＋团体治疗＋认知行为治疗”的方式展开，临床上取得了较好的效果。

（6）人格障碍。人格是指个体在与环境的互动中形成的独特的行为模式、思维方式和情绪反应方式。人格障碍是指人格特征明显偏离常态，表现出和他人、社会规范相背离的行为反应模式，环境适应不良。典型表现为情感和行为的异常，比如行为易冲动、自制力差、易受本能欲望支配、常常具有攻击性；情感淡漠，甚至冷酷；缺乏羞愧心和责任心。人格障碍者大多对自身人格缺陷毫无自知力，难以从失败中吸取教训；在人际交往、职业发展和感情生活中不会考虑别人的感受，以自我为中心，与周围的环境格格不入，常会受挫。这类患者的干预应以长期的心理治疗为主。

（7）精神分裂症。精神分裂症是一种持续、慢性的重大精神疾病，以思维、情感、行为的扭曲和分裂为典型特征。表现为思维、情感和行为具有非现实性，精神活动与现实不协调；常常出现幻觉（幻听、幻视）、妄想、行为怪异和情感淡漠。精神分裂症患者一般智力正常，但对自己的病症缺乏自知力，一般都需要长期住院，以药物治疗为主。在个体病症有所减轻、意志力恢复的情况下，心理咨询可以作为辅助的治疗手段。

第二篇

心理健康与你

XINLI JIANKANG YU NI

第三章　认识你自己

案例导航：自卑的小聪

基本信息：

小聪，女，大一在读，来自农村，性格内向，是家里四个孩子中的老二，上面有一个姐姐，下面有两个弟弟。入学以来，她常常觉得自己很糟糕，不如别人，非常自卑，情绪一直比较低落。最近由辅导员建议前来咨询。尽管她的牙齿有点外凸，但笑起来很好看。

案例详情：

高一那年暑假，小聪的姐姐为攒钱让弟弟妹妹读书，辍学离家去打工。小聪平时和姐姐最要好，姐姐的离开让她很难过，成绩一度下滑。她的第一次高考失利。父母重男轻女严重，希望小聪能随姐姐去打工挣钱供养弟弟读书，但在小聪姐姐的坚持下，才勉强同意她复读。在姐姐的鼓励下，她立志要好好学习，替姐姐完成上大学的心愿，最终考上了理想的大学。

在大学，小聪常常听到同学窃窃私语，诸如："你看，她说话的时候那个龅牙太搞笑了！""她真的是有勇气，我要是她肯定不出来吓大家！"小聪意识到自己的牙齿不好看，不敢参加校园活动，不敢说话，她很怕大家嘲笑她的牙齿。在宿舍，她也不参与宿舍的活动和聊天，和大家都很疏远。虽然以前她也曾被同学笑话，但姐姐总是第一时间为她出面，这让小聪心里暖暖的。现在没人保护自己了，小聪觉得很害怕。

每当照镜子时，小聪就会默默地流泪，恨自己长得不好看，而且还是龅牙。她想去做牙齿整形，但又不忍心向父母和姐姐要钱，于是利用业余时间在餐厅兼职，想攒够了钱去做牙齿矫正。遗憾的是，小聪兼职时因为失误被领班当众批评，恰好同班的几位同学推门而入，认出了她。小聪觉得非常丢人，无法面对同学，觉得自己处处不如别人，抹着眼泪不敢看同学。从此以后，小聪变得更孤僻了，总是独来独往，觉得自己非常糟糕，低人一等，没人愿意和她做朋友。

由于打工占用了很多学习时间，工作又非常辛苦，小聪上课总是犯困，也没有足够的时间复习。第一学期末，她有两门功课不及格，其他科目也是勉强通过。小聪非常难受，不但矫正牙齿的钱没攒够，学习也这么糟糕，无法回报父母和姐姐。她认为自己糟糕透了，一无是处！假期小聪不敢回家，就留在学校周边做家教和小时工，开学之后也一直独来独往，情绪特别低落。

第一节　自我意识显微镜

开篇案例中小聪对自己是个怎样的人越来越迷茫，对自己的评价也越来越消极，情绪也越来越低落。这其实跟我们的自我意识密切相关。

“我是谁?”是个极具哲学意义的问题。作为大学生的你，是否思考过这个问题呢？中国有句俗语叫“人贵有自知之明”，自古人们就在认识自然、认识世界的同时，不断地追问“我是谁?”，不断地增加对自我的认识。我们在回答这一问题的过程中，就是自我意识不断清晰的过程。

一、自我意识的概念

（一）定义

著名心理学家威廉·詹姆斯提出自我意识与人的心理活动密切相

关。自我意识作为高级的意识活动，是指个体对自身以及自身与周围环境关系的认识、体验和评价，包括认识自己的生理特征（如身高、相貌、性别等）、心理特征（如思维、兴趣爱好、性格等），以及自己与周围的关系（如自己与他人的关系、自己在群体中的地位等）。自我意识也就是对自己存在的察觉。

（二）结构

学者们对自我意识进行了广泛而丰富的研究。在结构上，自我意识是一个涉及认知过程、情感过程、意志过程等多层次、多维度的心理过程，包含自我认知、自我体验和自我调控三个方面（聂衍刚　等，2007），详见表 3-1。

表 3-1　自我意识的构成

	核心内容	核心议题
自我认知	自我感觉、自我观察、自我概念、自我评价	我是一个什么样的人
自我体验	自尊、自信、自卑、自负、自豪感、内疚感、责任感、自我效能感	我对自己是否满意
自我调控	自我激励、自我监督、自我控制、自我教育	我应该做什么

1. 自我认知

自我认知是自我意识中的认识成分，是指个体对自己以及自己与周围关系的认识，包括自我感觉、自我观察、自我概念、自我评价等。它的核心议题是对“我是一个什么样的人?”这一问题的回答。针对这一问题，著名心理学家乔瑟夫·卢福特和哈里·殷汉提出了乔哈里视窗（Johari Window），帮助我们去提升自我认知（Verklan，2007）。

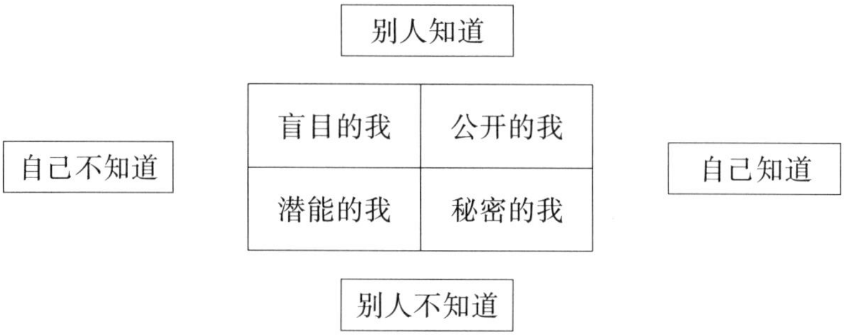

图 3-1　乔哈里视窗

如图 3-1 所示，“乔哈里视窗”包括四个部分，即公开的我、盲目的我、秘密的我、潜能的我。“公开的我”是自己知道、别人也知道的部分，包括我们在公共领域最容易完成的自我认知的部分，它是自我最基本的信息。“秘密的我”对应的是自己知道但别人不知道的部分，这是我们留在心底的不愿意让别人知道的部分，这也是自我认知的重要组成部分。而“盲目的我”是自己不知道但别人知道的部分，它是自我认识的盲点，所谓“当局者迷，旁观者清”就是这个道理。“潜能的我”是自己和别人都不知道的部分，它代表着未知，有待进一步发展。自我认知就是在不断地扫除盲点，探索未知。

2. 自我体验

自我体验是自我意识中的情感成分，是在自我认知的基础上产生，反映个体的情感体验的过程，包括自尊、自信、自卑、自负、自豪感、内疚感、责任感、自我效能感等。它的核心议题是对“我对自己是否满意?”这一问题的回答。我们会体验到积极的感受，也会体验到消极的感受，且具有很强的个体差异。自我认知决定了自我体验，自我体验又会帮助个体进行自我认知。例如，一个被妈妈批评的孩子认为自己没做好，让妈妈失望了（自我认知），诱发出自己的内疚感（自我体验），这又会强化孩子觉得都是自己不好（自我认知）。因此，自我体验对个体的成长有非常重要的影响。

3．自我调控

自我调控是自我意识中的意志成分和行为倾向，是伴随着自我认知和自我体验而产生的，常常表现为对个体的思想和行为的发动、维持和控制，包括自我激励、自我监督、自我控制、自我教育等。它的核心议题是对“我应该做什么?”这一问题的回答。自我调控帮助个体从“知”到“行”，从而达成自我期待的目标。个体通过自我调控，调动主观能动性，可以转变自我认知和评价视角，感受积极自我。

二、自我意识的形成和发展

（一）自我意识形成的影响因素

自我意识的形成需要社会环境的反馈，主要包括他人的反馈（语言、行为等）和社会比较。

首先，我们生活中最重要的他人（父母、老师、朋友），都对我们的品质、能力、性格等给予了大量的反馈。有些反馈是清晰准确的，能帮助我们增强对自我的了解。但有些反馈是消极的、固化的，个体很容易被它们影响，从而影响个体自我意识的发展。例如，当我们反复被否定性的评价（如你很不好、你很笨等）包围时，自我体验就会很不好（难过、自卑等），自己也会产生怀疑，进而接受这一否定评价，失去了改造和影响环境的能力。在早期的家庭环境中，孩子如果体会到，无论自己做什么，都会被他人（通常指父母或抚养者）珍视、接纳、理解，就会形成良好的自我感受，有较高水平的自尊和自控力。

遗憾的是，很多父母本身并不完美，父母会把自己的要求施加给孩子，不断地给孩子强调只有满足这些要求才会被爱。例如，有些父母常常把“你再这样，爸爸妈妈就不爱你了!”“你要做……，妈妈才爱你。”这一类句子挂在嘴边，就无形中向孩子传达了一个很危险的信号，即只有孩子达到了父母的标准时，他们才能被爱、被接纳。孩子会不断地压抑自己的感受，迎合父母的期待，不断地内化父母的价值条件，使之变成自我概念的一部分。这时孩子会表现出更多负面的自我形象和低自尊、焦虑等情绪问题。

其次，在缺乏明确的标准时，个体常常与自己相似的人作比较。社会比较作为认识自己、评估自我的重要标尺，会影响个体的自我认知和自我体验。当然，过多的外在比较也是有风险的，比较策略的差异常常会产出不同的结果，诱发消极的自我体验，降低个体的自我认知。

（二）自我意识的发展

从自我意识的内容来看，自我意识也在不断发展，从最初的生理自我扩展到心理自我、社会自我。

（1）生理自我的发展。生理自我与生俱来，个体在成长中不断地对自己的生理状态进行感知，包括对自己的身高、体重、相貌、性别的认识和体验，以及对温饱、疲乏、生理疼痛的觉知。

（2）心理自我的发展。随着生理自我的发展以及个体的社会性发展，心理自我涉及个体对自己的感知、记忆、思维、兴趣爱好、能力、气质、性格等方面的觉知，是指个体对自己的心理活动、个性的认识和评价。在回答“我是谁?”的问题时，个体开始使用更丰富的词语描述自己，开始体验更丰富的情绪情感，并参与社会实践。

（3）社会自我的发展。个体在与周围环境的互动中，社会自我不断发展。社会自我是指个体对自身与外界客观事物关系的认识、评价和体验。简单来说，社会自我就是个体对自己在社会关系中的角色、权利、义务、责任，在群体中的地位、力量以及与他人互动的认识、评价、体验。随着个体承担更多的社会角色，相应的责任感、角色感都在发展，个体的自我认知、自我体验都在不断丰富，自我控制能力也在提高。

最为重要的是生理自我、心理自我和社会自我密切联系，互相影响，三者的协调发展促进了个体自我意识的日趋完善。

（三）大学生自我意识的发展特点

（1）自我认知的广度和主动性明显提高。大学校园为大学生提供了一个独特的学习场域和生活场域。大学生可以涉猎群书、自由发展、参加各种社团活动和社会实践来丰富自己。这些都为大学生的自我认知提供了广阔的天地。这个阶段也是大学生人生观和价值观形成的关键时期。大学生在实践中可能经常反思一些有关个人发展、个人与社会的关系问题：我是怎样一个人？别人会怎么看我？我的性格如何？我将成为什么样的人？我怎样实现自我价值？在反思过程中，大学生能自觉地把自己的命运与集体的命运结合起来，考虑如何为国家和社会服务。

（2）自我体验敏感、丰富且复杂。青年人的自我体验可以说是各种社会群体中比较敏感、丰富的。一般来说，大学生情绪情感的基调是健康向上的，多数大学生能够喜欢自己。自尊、自信、对自己的评价客观积极是大学生自我体验的主要特征。这是大学丰富多彩的学习生活为大学生的自我体验提供了便利条件。但对涉及“我”和与“我”相联系的一些事情，大学生的情绪情感反应有时会冲动激烈，情绪体验具有一定的起伏、波动，有明显的两极化现象。比如，有了成绩就肯定自己，甚至骄傲自满、忘乎所以；遇到挫折就否定自己，悲观失望，甚至自暴自弃。

（3）自我控制能力有待加强。大学生的自我控制能力比中学生有很大的提高，自觉性、坚持性、独立性和稳定性显著发展，有强烈的自我设计和自我规划的特点，但冲动性和多变性也是他们的主要表现。大学的学习生活相比中小学有更多自由支配的时间，部分大学生离开了高中被父母老师监管的环境，不能很好地调控自己的行为。因而，大学生需要自觉调节行为，培养自己的自控能力。

（四）自我意识对大学生成长的作用

（1）自我意识参与大学生的个性发展。大学生的需要、动机、兴趣、价值观等个性倾向性以及性格都是在与后天环境的互动中逐渐形成的。在个性发展的过程中，自我意识作为核心动力，致力于回答“我是谁?”的问题。随着自我意识的发展，个体的人格特征也在自我意识的监察、调控下不断发展。自我意识在协调理想我和现实我的矛盾中，有助于大学生健康人格的形成。

（2）自我意识指导大学生的行为表现。对“我是谁?”等问题的探索有助于大学生制订自己的行动计划。大学生通过自我和周围环境关系的认知，确定“我能做什么”以及“我要做什么”，从而实施具体的行为。例如，当一个大学生对自己持有积极的认知和情感，认为自己有能力，是一个好学生，那么他会更多地表现出接受挑战，更多地按照优秀学生的标准严格要求自己，按时完成作业，积极参加社会实践活动。反之亦然。

（3）自我意识促进大学生的心理健康。自我意识的偏差常常会带来过强的自尊心、自卑感、自我否定、自我中心，也可能是过度地追求完美等。这些都会严重影响大学生的学习、人际交往，进而带来一系列的情绪和行为问题。而大学生自我意识的完善可以促进他们心理的发展和成熟，更好地适应环境、与人积极交往，改善情绪和行为问题，从而提高大学生的心理健康水平。

三、大学生自我认知常见的问题

大学生走进大学校园，除了学习知识、提升能力，同时也是在进一步认识自我，完善自我。然而很多大学生就像案例中的小聪一样，在认识自我的路上走得比较坎坷，自我体验比较痛苦。大学生的自我认知大致存在着如下问题：

（1）过度低估自己。一些大学生由于自身某些方面能力不足、在以往的生活经验中习惯化地用自我否定的方式与外界互动，过低地评价自我，常常伴有无价值感，甚至是自我放弃。主要表现为在认知上觉得自己糟糕透了，消极归因（认为都是自己的错），缺乏主见；在情绪情感上缺乏激情、遇事胆怯、过度焦虑、心虚、情绪低落等；在行为层面上退缩、回避，缺乏行动力，常常无法展现自己的才能。如果大学生习惯性地采用退缩、回避的应对方式，就容易形成自卑心理。

（2）过分追求完美。一些具有完美主义倾向的大学生，对自己要求过高。这些个体在以往的成长经验中，取得了较好的成绩，然而一旦面临环境的剧烈变化，在生活中无法像原来一样顺利地实现目标，那么常常会出现自我怀疑和自我否定，导致情绪失控和自暴自弃的现象。

（3）过分自恋，以自我为中心。过分自恋、以自我为中心的个体，表现为有过强的自我意识，在观察事物、待人接物中只从自己的角度想问题，无法看到他人的需要，并且对自己的评价非常高，常常脱离客观实际，虚荣心强。由于个体过高地评估自己，时刻以自己的利益为中心，常常在认识上偏激和固执，在人际关系上难以和他人和睦相处，出现问题也常常埋怨他人。

第二节 案例详解

一、案例分析

小聪的核心问题是自卑感，主要表现为外貌上不如别人的消极自我信念，人际交往退缩，情绪低落。在这个案例中，我们可以从自卑的成因对她的情况进行分析：

（1）牙齿的问题。这也是小聪自卑最直接的诱发原因。由于小聪的牙齿问题，当她开口说话时，引发了同学的讥笑和评价，这让她非常伤心，也严重挫伤了她的自尊心。

（2）个性因素。小聪的性格内向，内心比较敏感，遇到一些突发事件时，容易产生消极的情绪体验和自我认知。她在餐厅打工受到领导批评，碰巧又被同学看见，这对小聪而言是非常尴尬的，她觉得很丢人，认为这会引发同学的嘲笑，觉得自己是一个非常糟糕的人。

（3）家庭环境因素。小聪的家庭条件比较困难，她上大学的机会来之不易。这背后有姐姐的牺牲，也有对父母偏见的努力抗争。在她的家庭中，父母重男轻女的思想比较严重，对她和姐姐从小就比较忽视，对小聪的复读非常不支持。

（4）较少得到关注和肯定。小时候，小聪总是想“我要是男孩就好了，爸爸妈妈就会喜欢我了”。她很想得到父母的关注和肯定，但她和姐姐永远是被父母忽略和牺牲的孩子。只有姐姐保护她，鼓励她。从发展心理学的角度看，孩子自我意识的发展与父母的关注和肯定密切相关，孩子常常在正面评价中能体验到自尊和自信。遗憾的是，纵观小聪的成长过程，姐姐是她成长中唯一的一束光，一直在照亮着她。除了姐姐，她很难找到别人的支持和肯定。在大学，小聪很少得到同学、老师的关注和肯定。她与姐姐分隔两地，加之害怕姐姐担心自己，与其联系也不多。大部分时候，她都感到孤独、无助。

（5）应激事件累加。大学生活刚刚开始，小聪原本憧憬满满，但事与愿违，接连发生的三件事渐渐压垮了她。一是上课回答问题时因牙齿被同学嘲笑。二是打工时受到上级批评，碰巧被同学撞见。三是两门考试不及格，这也成了压垮骆驼的最后一根稻草。这三件事打垮了小聪，让她自身无力应对，她的认知、情绪以及行为都受到了严重影响。自我认知出现了严重歪曲，自我评价非常消极，情感体验很痛苦，人际退缩非常严重。

二、咨询过程

（一）准确理解、共情

小聪的性格比较内向，由于是辅导员建议她来咨询，在咨询室里她显得有些紧张。小聪不确定要不要、能不能告诉别人她的软弱之处，但内心又非常渴望被理解，被尊重。在咨询中，如何与小聪建立良好的关系，如何赢得她的信任非常重要。咨询师用开放式的提问，以亲切的目光和诚恳的语气邀请她进入会谈，表达关心并承诺会对她所说的内容予以保密。随着咨询师准确地共情，咨询关系慢慢建立，小聪渐渐地开始谈起自己的感受，也愿意主动回应和思索更深层的个人问题。

（二）帮助小聪合理进行自我评价

小聪常常会夸大自己的失败，忽略自己的成功。她对自己的评价是失真的，就好像总是用放大镜看自己的不足和缺点，用缩小镜看自己的努力和优点。因此，合理的自我评价是帮助小聪走出自卑的必经之路。合理的自我评价是指自我认知准确，能够根据环境恰当地看待自己的优缺点。通常人们希望自己是有价值的、有能力的、令人喜欢的。但小聪总是看不到自己的价值，反而会过度关注自己的不足，特别是对自己的牙齿问题，会受到外界消极评价的影响。对同学的嘲笑，她的内心是认同的，认为自己就是像同学所说的那样糟糕。在小聪的讲述中，我们发现了她的优点：小聪很勇敢，敢于和父母抗争去复读；很有毅力，经历两次高考，靠努力学习考上了大学；她的笑容很灿烂；有一个爱她、支持她的姐姐；她能自己找到一份兼职，并积极努力，计划通过攒钱去改变自己的牙齿问题。通过引导式的提问，咨询师帮助小聪发现了她身上的优势。通过寻找证据的方法，咨询师让她进一步发现了自己的能力，并能合理看待自己的努力和优点。

小聪已经习惯用放大镜看自己的缺点，因此引导她去识别事实和想法很重要。小聪常说：“我很糟糕。”“我非常糟糕。”“我比不上别人。”通过与她讨论这些语句，积极寻找例外事件（即小聪不糟糕、相反表现优秀的事件），引导她发现这些消极评价都是不客观的想法，并不是事实本身。举例来说，咨询师引导小聪看到，她考上了大学，而她所在的高中班级中有80%的人都没有考上；她的数学很好，虽然有两门功课挂科，但数学成绩全班第三。通过对这些优势事件的讨论，小聪意识到自己过度关注了消极事件，忽略了很多积极事件，对自己的评价不准确。

（三）帮助小聪悦纳自己，努力改变

自我意识并不是始终不变的，而是不断发展变化的。个体可以通过努力不断地完善自我意识。基于此，探讨和分析问题的焦点放在小聪目前的生活和行为表现上。让小聪领悟到我们很难改变别人，也无法改变自己的过去，但可以用开放的心态面对自己，思考未来，积极行动。生活之中，有同学的嘲笑、领导的批评，也有姐姐的积极鼓励和同学友善的问候。小聪要学着不排斥外界积极或消极的评价，也不逃避内心可能的难受和不接纳，从内心寻找力量，关心自己，并把这些都看作是一次了解自己的特殊经历。同时，也积极寻找资源解决困难，客观地看待他人的评价，悦纳自己，对未来充满希望，能切实制订行动方案，在实践中不断完善自己。

第三节　悦纳自我，做最好的自己

一、自我意识的完善路径——悦纳自我

自我意识的健全发展是个体身心健全发展的基础，也是个体良好

适应社会的重要保证。悦纳自我是完善自我意识的主要途径。

“悦”是指喜欢，“纳”是指接纳，悦纳自我是指个体能够发自内心地接纳自己，喜欢自己，包括接纳自己的不足之处。研究发现，低自我接纳的个体常常表现为对自我价值的否定，不能正视自己的优缺点，常常引发不适感，一般采取比较消极的问题应对方式（如回避、自责、幻想等），不能很好地发展自我，因而心理健康水平也比较低（李娇　等，2013）。一个悦纳自我的人能带着对生命的热诚，走得更远，幸福感也更高。

基于对自我意识的理解，我们可以从以下四个步骤来悦纳自我：

（1）能够全面地认识自己、以恰当的参考标准评价自己；

（2）基于对自己的认识，无论是好的特质还是不好的特质，都无条件地进行接纳；

（3）能够以发展的眼光看待自己，发展自己，形成对自己积极的情感体验；

（4）能够有效调节自身行为，控制自我。

围绕这四个步骤，下面提供一些具体的策略帮助你悦纳自我，完善自我。

二、悦纳从现在开始

（一）策略一：写下你的故事

也许你正在经历焦虑、抑郁或压力的折磨，那么请找一个安静的场所，试着写下令你痛苦的故事。请尽可能简短一点，描述你遇到的挫折或情境，以及你对它们为何会出现在你的生活中的分析。

当你写完后，请认真通读一遍你写下的内容。接着，请在属于事实的句子下面画上横线。事实是指客观发生的事件，而非主观的推断和猜测。请认真读一遍你画出来的事实，然后利用所有画下来的句子，重新加工，写出一个完全不一样的故事。要求你把客观的事实融入一个截然不同的故事中，形成一个新的结局。

如果你对这个故事不满意，可以试着再写一个包含了上述事实的不同的故事。

然后，请你回顾这两个故事，并思考在这同样的事实构建的两个故事中，是什么让两个故事的走向发生了改变？为什么结局会截然不同？这两个故事中的你有什么不同？

带着对这几个问题的思考，请你找寻变化背后的意义。我们在具体的挫折情境中，常常抱有负面的自我概念，但其实我们的人生故事是可以发生改变的。“事实”并不一定会出现在什么故事里，你的叙述可以让故事有很多不同的版本。“事实”仅仅是故事的组成部分，而故事中产生的自我概念构成了我们人生的方方面面。通过书写故事，增加你对自我的觉察，帮助你去改写你的人生故事。

（二）策略二：我的二十行诗

请思考“我是谁?”这个问题，以“我是……”开头，来回答这一问题。请写出至少 20 个句子，尽快地完成。

例如：我是一个乐观的人。

我是一个个子比较矮的人。

我是一个长跑健将。

我是一个不招老师喜欢的人。

……

当你写完的时候，请认真读一读你写的内容。读的时候感觉怎么样？在开始写时感觉怎么样？思考一下，你是否对自己有一些新的发现？

（三）策略三：积极地悦纳自己

第一步，对策略二写出的“二十行诗”进行评估，请用“＋”号标出你认为是积极特质的句子，这表示你对自己的这一部分持满意、肯定的态度；请用“－”号标出你认为是消极特质的句子，这表示你对自己的这一部分持不满意、否定的态度。计算“＋”和“－”号的数量，如果“－”号过多，你需要思考：“你是否过低地评估了自己？”以下的几个问题或许可以为你提供帮助：

- 支持这个想法的证据是什么？
- 不支持这个想法的证据是什么？
- 我的朋友、亲人怎么看这个问题，和我一样吗？
- 这些想法是否过于绝对、片面，是否有例外？
- 你是否会用偶发事件来评估自我价值？

第二步，通过对以上问题的思考，如果你发现很多描述都不准确，你过低地评估了自己，或是你对自己有一些歪曲的认知，那么你就需要进一步调整你的自我认知。请你在认知歪曲的句子后面写上更合理、更客观的对自我认知的描述。

第三步，通过对以上问题的思考，如果你觉得某些标注“－”号的句子是符合事实的，这就需要继续探索一些有效的应对策略。

告诉自己，看见问题是解决问题的第一步。

寻找资源。寻找自己在解决这类问题方面的能力和经验。想一想，我有什么资源？我可以向谁请求帮助？我想要达到的目标是什么？我计划如何改变？将你对这些问题的思考写下来。

尝试去做改变。将写下来的计划转化成具体的行动。这部分可参考第十章的内容。

（四）策略四：积极暗示，自我调整

大量的研究和实践证明，积极的自我暗示有助于个体的心理健康。我们可以通过言语积极地进行自我建构、自我暗示。例如：早上起来你可以不断对自己说：“新的一天，我对自己充满信心。”

请写下几句对你积极暗示的话：

____

____

____

____

____

____

此外，坦然接受可能无法改变的事实，接纳自己。例如个子不高是一个不可改变的事实。你可以不断暗示自己：“我可以做思想的巨人，很多伟人个子都不高，但都成就了一番伟业。”与此同时，收集积极正向的素材、尽可能地发展自己的长处。

（五）策略五：增加成功体验

对于过分低估自己和过分追求完美的个体，最为重要的是合理地评估自己，评估环境。通常来说自卑感过强的个体做事情畏首畏尾，面对挑战时常常不敢尝试，过度担心。建议多做一些力所能及和把握较大的事情，多增加自身成功的体验，增强自信心和成就感。那些过分追求完美的个体常常因目标无法实现而懊恼不已，这些个体可以调整目标，将大目标拆分成一些具体可行的小目标，逐个去完成，不断积累成功的体验，从而使他们看到调整目标的好处，不断修正自己的高期待和完美主义。有关目标的分解，可参考第十章的内容。

（六）策略六：培养自控能力

首先，你可以拿出一张纸，认真记录一件你平时不关注但对你很重要的事情，可以是你花在手机上的时间，也可以是你的日常开销情况。请尽可能详细地记录，目的是帮我们觉察自己的状态，发现自己在哪些事情上缺乏自控力。这对于避免类似事情的再发生，有很好的调整作用。

其次，增强“我想要”的力量，每天定时坚持做一件事情。自我调控是需要后天不断锻炼的，可以试着每天看半小时书、做半小时运动或 5—10 分钟的正念冥想。坚持一两个月，看看自己的表现如何。你可以先试试冥想，具体方法是静坐在一处，闭上双眼，随着自己的呼吸在脑海中默念“呼”“吸”，注意力集中在自己的呼吸上。正念冥想可以帮助我们训练大脑，克服冲动，提升注意力，管理压力，提高认识自我的能力。

再次，树立短期目标。一些人自控力较差，主要源于他们缺乏规划和目标，随心所欲。树立短期的目标是提升自控力的重要手段。如何制订目标，请参阅第十章。

最后，坦然应对失控。如果自己偶尔有一两次没有完成目标任务，请千万不要放弃。要知道这也恰恰是下一轮行动的起点。要敢于理性地面对失控局面。完成目标的过程也可以看成是行动、失控、再行动的循环过程。只有坦然应对失控，才能够真正从内心控制自己的情绪，从而继续坚持下去。

第四章　搞定学习这件事

案例导航：考试焦虑的小勤

基本信息：

小勤，男，大三，身体健康，无重大疾病史，家庭和睦，父母感情融洽。近几周，小勤非常焦虑，注意力不集中，无法安心学习。他所学的英语专业每周都有小测验。最近几次测验时，他出现了呼吸急促、心跳加快的身体反应，严重影响答题。他担心自己出了问题，主动寻求心理咨询。

案例详情：

小勤是家中的独生子，从小成绩优秀，也是父母家族中学习最好的孩子，父母对他的期待很高。他 4 岁起开始学习钢琴、武术、书法，获奖无数；小学、初中都是在父母、老师、邻居的夸赞中长大的。父母希望他本科毕业之后能够去国外继续深造，获得硕士和博士学位。

高二的小勤，在学业上感到压力，成绩开始下滑，也从重点班掉到了普通班，不再是班级里的佼佼者，这一度让他很失落。但是小勤仍然很努力，父母对他寄予厚望，给他请了各科家教补习功课。很快，小勤的成绩有所回升。但是每当遇到考试，小勤都会紧张，担心考不好。总体来看这些担心的情绪他还能应对，并未对考试造成影响。通过不懈努力，他考上了一所非常好的大学，主修英语专业。在选报专业上，小勤本想学习医学，但是父母建议他先在国内学习英语，再出国继续深造，学习医学。英语成绩平平的他在父母的坚持下妥协了。

小勤的兴趣爱好非常广泛。上了大学，他参加了很多社团，留给学习的时间相比高中少之又少。大二下学期，他没有通过专业英语四级考试。这个考试仅面向英语专业的学生，而且考生只有一次补考机会。小勤所在班级仅有四个人没有通过考试，而他是其中之一。小勤原计划考完专业四级就准备雅思考试，为出国留学做准备。然而这次失利，一下让他陷入了慌乱，原本的计划也受到了影响。不仅如此，他觉得一个英语专业的学生专业四级都过不了是一件很丢人的事情！小勤的爸爸妈妈得知后严厉批评了他，他爸爸还专程坐飞机赶来学校了解情况。这给小勤带来了巨大的压力。他很怕辜负父母的期待，也怕只有一次机会的补考通过不了影响自己的未来，于是他开始很用功地补习功课。接下来，每当遇到小测验、考试，小勤就感到紧张、手心冒汗、有点心慌。他也通过深呼吸、运动、自我暗示等方式来缓解自己的紧张情绪，最初起到了一定的作用。

来咨询时，小勤还有3周就要参加专业英语四级考试的补考，他的焦虑变得很严重，他常用的调节方式也不起作用了。他经常失眠，不仅在周测验前和测验时感到非常紧张、焦虑，平时复习时脑海中会不经意地浮现出又没考过的画面，同时还伴有母亲的哭泣、父亲的指责等画面。最近的测验中，由于太过紧张，他原本记得很熟的单词也出现了错误，作文也无法构思。更为严重的是，这一周的周测验中，小勤紧张到无法读题，原本简单的句子看了几遍也不得其意。这让他无比担心几周后的专业四级补考，最近三天失眠严重。

第一节 学习背后的心理学规律

学生的主要任务是学习，大学的学习内容相比中小学深入且复杂，学习形式也更加多样。对有关学习心理学规律的探讨有助于我们思考怎么学习、为什么学习，以及个体差异对学习的影响，从而帮助我们有效地解决学习中出现的问题，更好地踏上学习之旅。

一、注意的品质与学习

注意伴随着学习的全过程，是指心理活动对一定对象的指向和集中。注意的品质指的是注意的稳定性、注意的广度、注意的分配和注意的转移，这些品质的发展有助于个体的学习与生活。

第一，注意的稳定性是注意在时间上的特征。人在4个月大的时候就可以选择性地注意某一物体，并保持注意。随着年龄的增长，个体在同一对象或活动上持续的时间越来越长，在成年阶段达到高峰（边玉芳，2014）。这也是为什么小学生一节课的时间较短，而大学生一节课的时间较长的原因。注意的稳定性也为大学生学习知识提供了有力保障。然而，不管在哪个年龄阶段，都会出现分心的情况。这时个体会被其他无关刺激吸引，也就是老师们常说的注意力不集中的现象。当个体的学习动机较弱，无关刺激物又非常有吸引力时，就容易出现分心现象。

第二，注意的广度是注意在数量上的特征，指在同一时间能注意到的对象的数目。我们常说的“一目十行”指的就是注意的广度。飞行员驾驶飞机时需要同时看多个表盘，对注意的广度有较高的要求。在学习活动中，拥有较大的注意广度有利于学习和工作效率的提升。

第三，注意的分配是个体同时将注意分配到不同活动的能力。在生活中我们不难发现，有些人可以一边看电视一边织毛衣，歌手可以一边弹吉他一边唱歌。这都是注意分配能力的体现。在学习活动中，很多任务都需要注意分配。例如，上课时老师要求记笔记，学生要边听边记。一般而言，注意分配的前提是同时进行的两个或多个活动都是熟练的，或者至少有一种是熟练的。只有这样才能保证两个或多个活动的正常进行，否则就会出现顾此失彼的情况。

第四，注意的转移是个体有意识地将注意从一个对象或活动转移到另一个对象或活动上，它不同于分心。研究发现，大学生已能够自觉地转移注意力。例如，在学校的教学过程中，学生在英语课下课后，可以迅速将注意转移到数学的预习之中。

注意的品质已成为学习能力的重要指标，它可以通过后天的教育和培训进一步发展。

二、记忆与学习

记忆与学习密不可分。从信息加工的角度来看，记忆是信息从编码（识记）、存储（保持）到提取（回忆或再认）的过程，而学习的过程也是大脑不断接收、存储新知识的过程。在学习活动中，最重要的问题是个体学习过的知识是否可以自由提取，即能否回忆并复述。如果不能顺利提取，就发生了遗忘。

心理学家艾宾浩斯选用无意义音节（元音或辅音组成的字母）作为记忆材料，开展了一系列关于记忆的研究。他通过记录在时间进程中记忆的保留情况，绘制了一条曲线，这就是著名的艾宾浩斯遗忘曲线。如图 4-1 所示：

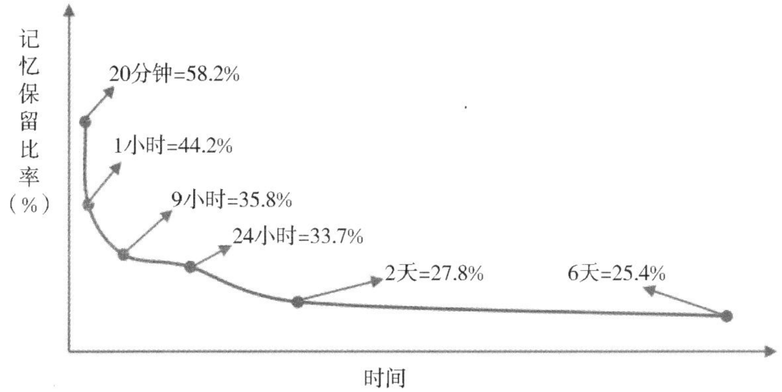

图 4-1　艾宾浩斯遗忘曲线

这一曲线说明：遗忘的进程是不均衡的，在识记的初期遗忘速度较快，然后逐渐减慢，而一段时间过后，几乎不再遗忘了。遗忘遵循“先快后慢”这一规律。基于这一发现，我们在学习中要及时复习，避免知识点在学习之后就很快遗忘。

与此同时，遗忘还与学习材料的意义、性质、序列位置有关。最先遗忘的往往都是学习者不感兴趣的、觉得用处不大的学习材料，这也恰恰说明激发学习兴趣的重要性。学习过程中，序列位置靠前和末尾的部分最容易记住，而中间部分最容易遗忘。

此外，大量研究表明，个体的学习、记忆与情绪因素密切相关，焦虑、抑郁会引发工作记忆受损。这是由于负面情绪占用了大量的注意资源，个体会过多关注自己的担忧以及负面认知；有限的工作记忆资源被不断消耗，导致学习和记忆效率降低（李雪冰　等，2007）。这也就解释了为什么很多有情绪困扰的学生会在学习上出现困难。

三、学习动机

学习动机是引发并维持学习活动的内部心理倾向。不同的动机驱使着个体产生不同的行为，而学习动机作为推动个体学习的动因，在学习活动中发挥着巨大的作用。

（一）学习动机与学习效率的关系

我们的动机有强弱之分，动机强度与活动效率之间的关系遵循耶克斯-多得森定律，它呈“倒 U 型曲线”（如图 4-2 所示）。

耶克斯-多得森定律指出：无论任务难度如何，处在中等强度动机下的活动效率最高。由此可见，动机处在较高水平是不利于学习效率提升的。具体到不同难度的任务，动机的最佳水平也不一样。从“容易或简单的任务”“难易适中的任务”以及“困难或复杂的任务”三条曲线中可以发现，对于容易或简单的学习任务，最佳的动机水平偏高；

对于难易适中的学习任务，最佳的动机水平适中；对于困难或复杂的学习任务，最佳的动机水平偏低。

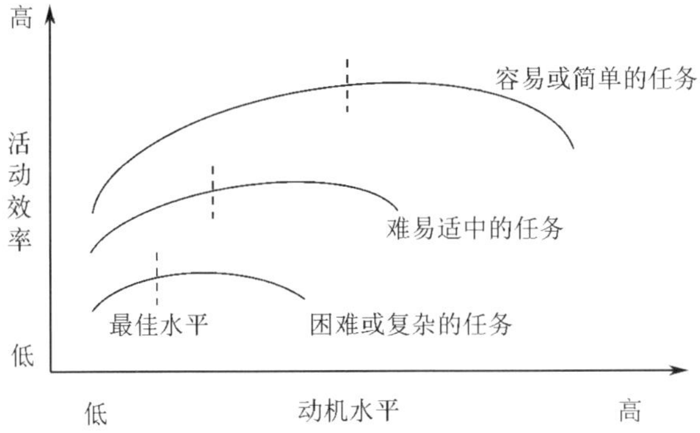

图 4-2　耶克斯-多得森定律

（二）内部动机与外部动机的关系

从动机的来源分析，动机可以分为内部动机和外部动机。内部动机由个体内在需要激发而来，不需要外在奖励个体也会愿意投入；外部动机由学习的外部结果激发而来，例如为了父母的奖励、老师的表扬等。

有这样一个故事，一位老人喜欢安静的环境，但他的门前总有一群孩子嬉笑打闹，老人不胜其扰。有一天，老人想到一个好办法，他对吵闹的孩子们说："感谢你们让这里如此热闹，让我的生活变得如此快乐，为表示感谢，我给你们每个人 25 美分。"孩子们很开心，第二天又来到老人家门口玩。老人说着同样感谢的话，但补充说，因为自己没有收入，只能少给一点了。这次给了每个孩子 15 美分。第三天，老人给了每个人 5 美分，孩子们明显有些失落和不满。第四天，老人什么都没给，孩子们勃然大怒，喊着："我们这么辛苦地陪你玩，你连一分钱都不给，我们再也不陪你玩了！"从此，孩子们再也不来了，老人也获得了清静。

我们从中不难发现，原本孩子们是“为快乐而玩”（内部动机），但在老人付钱行为的推动下变成了“为得到钱而玩”（外部动机），老人奖励的钱逐渐减少，从而逐渐降低了孩子们的乐趣。这也告诉我们，外部激励很可能会影响我们的内部动机。相比内部动机，外部动机的持久性较弱，对外在激励依赖性强，内部动机才能推动我们持续投入。

当然，两者也并不是完全割裂的，它们可能同时存在于一个学习任务中。我们需要反思真正驱动我们前行的动机，从外部和内部两个方面思考如何构建有效的持续的自我激励，从而激发学习动机。

四、学习风格的个体差异

基于个体认知通道偏好的差异，个体在学习活动中对于不同感觉通道的调用是不一样的，在学习风格上也存在差异。具体而言，视觉型、听觉型、动觉型是三类比较不同的学习风格（廖泽英，2000）。大部分学习者都会明显倾向于使用某一种或几种感觉通道进行学习活动。

视觉型的个体在学习时擅长对视觉刺激进行信息加工，喜欢通过图形、影片等视觉刺激学习新知识。这类学习者善于观察，常常将文字转化为图像，再接收、表达信息。

听觉型的个体在学习时擅长对听觉刺激进行信息加工，喜欢通过讨论交流、教师讲授等方式学习新知识。这类学习者善于倾听，上课更专注于老师的语言表达。

动觉型的个体在学习时擅长运用双手和身体运动进行学习，喜欢动手操作类的学习活动，常用做笔记、做记号以及做批注等方式来学习知识。这类学习者在需要动手操作的实践类学科中表现较为突出。

不同风格的学习者各有自己的特色。大学生需要在学习活动中了解自己的学习风格，从而有针对性地进行学习训练，取长补短，更充分地发挥优势，更好地提高学习效率。

五、大学生常见的学习心理困扰

大学生在学习中，会遇到很多与学习活动相关的心理问题，这里我们更多地从情感、动机、兴趣等非智力因素的视角入手，主要介绍学习倦怠和考试焦虑两种问题。

（一）学习倦怠

学习倦怠是指因不能有效地缓解学习压力或妥善地应对学习中的挫折而产生的一种持续的、负面的、与学习相关的身心疲惫的状态，主要表现为（连榕 等，2005）：①精力和情感耗竭，对与学习有关活动的热情逐渐消失；②在学业方面有低效能感、低成就感；③行为不当，伴有以消极或者逃避的态度对待学习的一系列行为，严重的还会诱发不良的行为，如酗酒、网络成瘾、拒学等。

例如，有的学生面对繁重枯燥的学习任务疲惫不堪，感觉学习就像一座大山一样，被压得喘不过气来；对学习提不起兴趣，情绪烦躁；对学习任务敷衍、抗拒，学习行为上懒惰，表现为懒得上课、懒得看书、懒得做题等。抑或是明知对学习应该保持始终如一的热情和坚持，但就是不想学习，不知道如何调整、如何提高，于是情绪越来越焦躁，常常会感到自责、沮丧、无能、疲乏、无力等。

（二）考试焦虑

考试焦虑是个体在考试情境的影响下产生的焦虑状态，情绪反应以担忧、害怕、紧张为主，伴有一些躯体化症状，如心悸、头痛、头晕、肠胃不适、失眠等；同时伴有认知上的困难，例如注意力分散、无法回忆等，无法进行正常的分析、归纳、推理。一般来说，适度焦虑对学习有促进作用：它不仅可以增强个体的积极性和自觉性，维持学习的动力，还可以提高个体的注意力和反应速度。但过度焦虑则会影响学习效率和个体的心理健康，表现为个体无法投入学习，对学习、考试产生厌烦及恐惧情绪，甚至出现迟到、早退、旷课、厌学、拒学等行为。

例如：有些同学在备考阶段，感觉自己力不从心、烦躁不安，一想到考试，就格外紧张、心慌。考试时常常出现心跳加速、大脑一片空白的现象，原本倒背如流的知识点出现回忆困难，而且这时候越是着急，越是努力要想起来，越是想不起来。

第二节　案例详解

一、案例分析

（一）来访者的主要表现

考试，对大多数学生而言都是一件引发紧张、焦虑的事情。从案例中不难发现，来访者的焦虑随着时间的推移不断加大。

观察小勤的表现，可以看到：在认知上，他的注意力无法集中，看不进去书，记忆力下降，考试时思维僵化，总出现灾难化的想法（如认为这次补考千万不能考砸，要是考不过没脸再见父母，未来就毁了）；在情绪上，对英语专业四级的补考很焦虑、紧张；在行为上，复习、考试时坐立不安。与此同时，小勤的躯体反应也很明显，表现为考试时手心冒汗、发抖、呼吸急促。这一系列的反应都是考试焦虑的典型表现。

从资源取向的角度看，面对焦虑、紧张情绪，小勤一直在努力调整自己的状态，前期也取得了较好的效果。但近期的压力过大，以往的策略已无法应对目前的考试焦虑。小勤主动前来求助是一种对自己负责任的表现，从这一点也可以看出他具有积极解决问题的勇气。

（二）考试焦虑的原因

考试焦虑的诱发因素很多，有来自于社会、学校、家庭的外在因素，也有来自于个体的认知方式、学习动机、个性特征、心理承受能力和早年经历等内在因素。从小勤的案例中，我们可以发现：

第一，从客观上看，小勤参加的专业英语四级考试只有一次补考机会。一般而言，考试的重要程度、竞争程度、难易程度都会影响考生的情绪。越重要、竞争越大、越难的考试越容易促使个体感到焦虑。

第二，学校传统。在小勤的学校，英语专业是重点学科，专业英语四级的通过率一直都很高，之前连续几年都是全部通过。因此，英语专业四级未能通过会引起学院和任课老师的高度关注，这无疑也给小勤带来很大的压力。

第三，小勤的个性特征。小勤是一个非常上进、做事情追求完美的学生，他的这一人格特质在遇到压力事件时很容易诱发焦虑。对他而言，考试没通过是一个比较大的应激事件，因而对他打击较大。

第四，小勤的认知模式。小勤认为专业四级没通过是一件很丢人的事情，同学、老师都会看不起他，会觉得他很无能。父母对他有很高的期待，他对自己的期待也很高。面对仅有的一次机会，小勤不想让父母失望，不想被别人看不起，但越这么想就越紧张、越焦虑、越内疚。如此循环往复，随着考试的临近，焦虑也不断升级。

第五，小勤的学习动机过强。从耶克斯-多得森定律中我们不难发现，中等强度的动机最有利于任务的完成。小勤的学习动机过强反而降低了自身的学习效率。他对自己的期待越高，压力也越大，也越容易产生焦虑情绪。

第六，小勤的成长经历。小勤从小到大都是同龄人中的佼佼者，习惯了鲜花和掌声。但这一切在高二戛然而止。对他而言，高二时的成绩下滑让他倍感压力，每逢遇到考试就很焦虑，怕自己考不好就不优秀了。而且成长过程中，父母对小勤高标准、严要求的教育，让他一直都在努力成为父母眼中最优秀的孩子，一直都在努力成为别人喜欢的样子。

二、咨询过程

认知行为疗法指出，我们的情绪和行为问题与不现实的、适应不良的想法有关（Judith S. Beck，2013）。因此，在处理焦虑情绪时仅仅强调放松是不够的，还需要关注个体的不良认知。针对小勤的问题，咨询师与他商定了咨询目标，即调整心态，迎接三周以后的专业四级补考。咨询过程聚焦在小勤的情绪缓解、认知调整和学习策略提升三个方面。下面是具体步骤。

（一）学会放松

我们的焦虑情绪常常伴随着生理的唤醒（如心跳加速、肌肉紧张等），放松应答能够很好地缓解我们的生理反应，从而缓解我们的焦虑状态。腹式呼吸（鼻子吸气，嘴呼气，进行慢而深的呼吸）、想象放松（想象一个让自己放松、平静的场景帮自己应对焦虑）、渐进式肌肉放松（全身肌肉群交替紧绷和放松）都是很好的调适方法。在咨询中，咨询师邀请小勤尝试放松练习，让他体验到自己觉得最舒服的方式，并教他进行每日的自我放松练习，最终让小勤在焦虑时能够运用学到的放松技术进行自我调节。具体的放松训练方法参见本章第三节。

（二）认知调整

小勤考试焦虑的根源是他头脑里一系列适应不良的想法，因此咨询师帮助他了解自己在焦虑情绪下存在的一系列不合理的想法，并对这些想法进行分析。

首先，咨询师帮助小勤识别在焦虑情境下的想法，引导他知晓自己对未来灾难化预测的后果。他经常说：“要是专业四级都过不了，我可怎么办呀？我的未来就毁了！”小勤的脑海中还会不断闪现自己没有通过考试的画面，同学、老师和父母得知后的表情，自己孤零零地站在大家面前无地自容的样子。咨询师要帮他觉察到这些画面在什么时候会出现。

其次，咨询师与小勤讨论对这些想法的可信程度，以及这些想法的合理性，评估自己担忧的程度是否符合真实情况。其实，这半年来，小勤做了大量的练习题和模拟题，英语水平有了很大提升，但他常常会忽略这些进步。在咨询中，咨询师不断地与小勤讨论被他自己忽略的一些事实，帮助他区分想法和事实，让他进一步意识到他自己的认知偏差，即对结果的灾难化预测，从而提升他的信心。与此同时，咨询师围绕小勤的消极想法，和他讨论考试失利发生的可能性，减轻他的担忧，讨论发生之后的应对策略以及发生之前的预防策略，提升他的掌控感。

最后，咨询师帮助小勤调整原有的认知模式，修正他适应不良的“要是……，该怎么办?”的灾难化预测。教他利用《认知重建的自助五栏表》（详见本章第三节）重新评估自己的想法并提出更符合现实的、有证据支持的替代性解释，以此对抗小勤的灾难化预测。咨询师帮助他意识到焦虑情绪并不会无止境地持续下去，它具有暂时性，要进一步训练自己控制情绪的能力。

（三）系统脱敏

系统脱敏常常被用于处理对特定情境产生的恐惧和焦虑状态。针对小勤的考试焦虑，咨询师首先邀请他对焦虑的情境和对象进行分级，并对预期的焦虑水平进行评分（见表 4-1），咨询师与他一起详细讨论了不同级别焦虑的应对策略。

其次，逐级暴露。咨询师与小勤充分地讨论了不同级别下他可能出现的情绪反应、身体感受、想法以及可能的应对策略；引导他认识到每一层级的暴露都是一次改变自己适应不良情况的机会，帮助他提升应对技能和信心。具体来说，采用想象暴露法，开始逐级暴露。邀请小勤从分数较低的水平开始，先描述可能的场景，要尽可能地描述详细，包括看到了什么，有什么感受，有什么想法。引导小勤用之前学到的放松以及认知重建的方法来降低焦虑感受，调整认知。咨询师指导小勤一步步应对焦虑，重复想象暴露场景直到焦虑根除，再进入分数高一级的场景进行暴露。如果在某一级无法放松，则返回到前一级进行想象暴露，焦虑根除后再继续高一级的放松，直至在所有焦虑情境都能很好地放松，消除焦虑情绪。

表 4-1　焦虑水平评定表

焦虑的情境/对象	焦虑评分（0—100 分）
1. 在家做复习题时	30
2. 课程周测验的前一天晚上	50
3. 课程周测验时	70
4. 考试前的晚上	85
5. 专业英语四级补考的考试现场	100

由于小勤每周都要面临周测试，接下来和他充分讨论在现实场景中暴露可能面对的问题，鼓励他在情境 1、情境 2 和情境 3 中进行尝试，帮助他在现实场景中逐步克服考试焦虑，积极应对周测验；同时对补考可能出现的焦虑反应进行预演，讨论解决策略，从而减轻小勤对专业四级补考的焦虑，做好考前心理准备。

（四）学习方法、答题策略的讨论

考试焦虑有时候是因为我们缺乏对考试的掌控感并缺乏相应的学习方法和答题技巧而产生的。在咨询中，当小勤能够不断觉察自己的认知并能有效应对焦虑时，咨询师进一步帮助他检视了学习方法和考试策略，讨论了相应的调整策略，增强了他在学习中应对困难的能力。

第三节　学习有方

结合案例和学习背后的心理学规律，本节将从学习动机缺乏（没动力，不想学）、学习压力不会疏解（情绪失控，无法学）、学习方法不得当（不得法，不会学）三个方面入手，提供一些策略，帮助大学生有效解决学习倦怠和学习焦虑等心理困扰。

一、激发学习动机的小策略

（一）策略一：小调查——也许你不知道自己“不知道”

在找不到学习动机、迷茫困惑的时候，你不妨做一个信息收集。你学的专业是什么？它是冷门专业还是热门专业？既然开设了这门专业，那么它一定与社会发展紧密联系。请你利用一切可以利用的资源，与老师、同学、学长、行业前辈交流，查阅网络、书籍、报刊、文献等了解以下信息：

（1）所学专业、学科的发展史；

（2）所学专业、学科在社会发展中的地位、作用、价值；

（3）所学专业未来的发展和就业方向；

（4）与所学专业、学科相关联的学科；

（5）所学专业、学科的前沿领域；

……

通过对这些信息的搜集，你可以增加对所学专业的间接兴趣，激发自己的学习动机，进一步提升学习热情。

其实，从广义的学习来看，学习无时无刻不在发生。广泛地收集资料将有助于你找到自己所热爱的事情，从而走出迷茫。

（二）策略二：绘制学习目标蓝图

请提前准备一张白纸，若干支彩笔，认真完成策略一的小调查之后再开始完成此项活动。

如图 4-3 所示：

第一步，请在这张白纸的最上端写出你最终的学习目标。可以多花一点时间，认真思考你学习的最终目的是什么。当你想好了尽量用一句话总结，填在这里。

第二步，在这张白纸的最下端描绘出你现在所处的状态。可以是你的动机状态、行动力、学习成绩等，写什么内容都可以。写的时候，请尽可能具体。

第三步，从现在的状态到最终的学习目标之间画一条曲线。为什么是曲线呢？因为实现目标的路途并不是一帆风顺的，可能会遇到一些困难和波折。请你提前做好这样的心理准备。

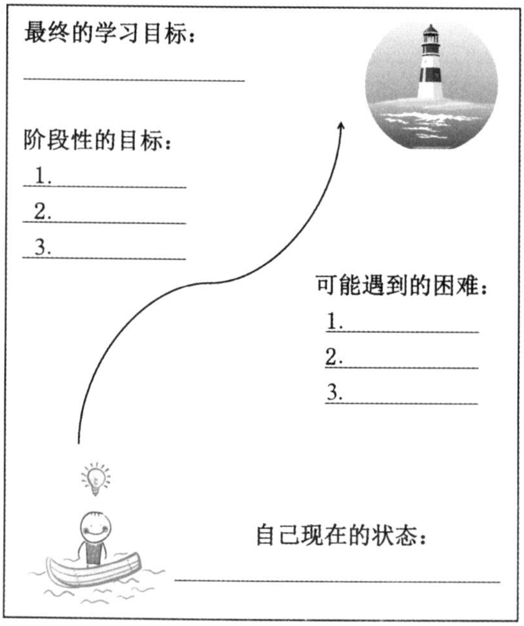

图 4-3　学习目标蓝图

第四步，请写出从现在到理想状态之间的阶段性目标，并思考如何才能完成阶段性目标，你可以试着将其分解为更小的目标。

第五步，请写出在实现目标过程中你可能遇到的困难。

请结合“学习目标蓝图”，思考如何才能克服困难，实现目标。你可以制订一个具体的行动计划，并对每一个拟达成的目标设置自我奖励。通过这一思考过程，激发你的学习动机。

如果你在目标制订过程中有困难，可以参考本书第十章专门讲的如何制订目标。当然，我们最终的学习目标有可能发生变化，你可以在不断努力中调整航向。但请记住，不要因为怕航向发生变化而停滞不前，也不要因为那个大方向还未确定而停止探索。大学四年转瞬即逝，你可以在尝试中和行动中慢慢找寻你的方向。

二、缓解情绪，应对压力

（一）策略一：放松训练之腹式呼吸

在情绪失控的时候，你可以结合以下的动作要领，帮助自己进行腹式呼吸练习。

动作要领：

（1）请选择一个舒适的姿势坐下，躺下也可以。放松你的身体，轻轻闭上眼睛，把注意力集中在呼吸上。

（2）用鼻子慢慢吸气，感受新鲜的空气进入你的鼻腔、身体的感觉。用嘴慢慢吐气，感觉温暖的气息缓缓地吐出。吸气时，最大限度地鼓起腹部；吐气时，最大限度地向内收缩腹部。细心体会腹部的一起一落。深深地吸气，慢慢地吐气。

（3）练习腹式呼吸，一般每次 10—15 分钟，不用刻意追求长时间的练习。

（4）腹式呼吸不仅可以在焦虑的时候练习，也可以在睡前或者午间休息时练习，能够起到很好的放松身心的作用。

（二）策略二：放松训练之想象放松

想象放松也是非常实用的情绪调节策略。当你在情绪失控的时候，可以通过以下的指导语帮助自己进行练习。

指导语：现在请你选择一个舒适的姿势，盘着腿或者不盘腿，坐在椅子上、垫子上都可以。随着舒缓的音乐，我们一起来做一次自我放松的练习。现在请闭上眼睛，把双手自然地垂落在你的大腿上面。接下来，请你放松自己的身体。如果某个地方有特别紧绷的感觉时，就刻意地去放松那个部位，让它柔软地松弛下来。好的，此刻请把注意力集中在你的呼吸上，慢慢拉长你的呼吸，深深地吸气，再深深地呼气。静静地在这里，多感受一会儿。

此刻，请把所有的注意力都集中在你的胸腔，努力地去觉察当下的感受，它是温暖的还是凉爽的？是紧张的还是麻木的？不要急着去改变它，只要关注着它，和它在一起，一些改变就不知不觉地发生了。慢慢地呼吸，去感受呼吸的节奏。让你的呼吸像一道光从外向内走进你的内心。你的内在世界因吸气而扩大。每一次呼气你都更加放松，也更深入自己的内心。

想象一下，此刻你来到了温暖的沙滩上，柔软的细沙给你的脚底带来温暖；海浪轻轻拍打着海岸，像是妈妈对孩子的抚摸；微风轻拂，吹散了你所有的紧张和不适，你感到非常舒服。你的思绪也许还在持续地活跃着，但已经不重要了。它就像是一朵云从湛蓝的天空中飘过，我们不需要排斥它或是刻意追随它，云彩来来去去由它就好！你只需要觉察你的内在，关注你的呼吸就好。深深地吸气，想象一下，你的心像天空和大海一样宽广开阔，你的内心越来越平静。再慢慢地呼气，比你的呼吸还要深，比你的情绪、思想还要深，每次呼气你都更加深入自己的内心。你的内心变得更加平静，外面的风浪都影响不到你了。

现在让我们慢慢回到当下，扩大我们此刻的经验。请深深地吸气、呼气，深入那个未知的、无名的内在空间，去觉察你内在的力量。你会感觉到更加舒适，更加放松，就让我们停留在这个充满爱、喜悦和平静的内在空间当中，再感受一会儿。

（三）策略三：运用《认知重建的自助五栏表》①

当你注意到自己的情绪开始变糟，在表 4-2《认知重建的自助五栏表》中的第一列粗略记录下让你不舒服的情景或是让你不舒服的生理感受，在第三列记录你当时的情绪，并对情绪的强烈程度进行评定。

然后，请你问问自己："此时我的脑中正在想什么？"同时尽快在表 4-2 中第二列"自动思维"一栏里记录你的想法、大脑中出现的画面以及你对此的相信程度。

接着，请根据你记录的自动思维进行工作。请结合下文帮助形成替代性反应的问题进行思考，在表 4-2 中的第四列记录你自己形成的替代性反应，并对替代性反应的相信程度进行评定。

表 4-2　认知重建的自助五栏表

情景	自动思维	情绪	适合的反应	结果
说明： ①是什么事件、白日梦或回忆让你产生了不愉快的情绪 ②产生了什么令人痛苦的生理感觉（如果有的话）	说明： ①你脑海中出现了什么想法或情景 ②你那时候对此的相信程度怎样	说明： ①那时候你有什么情绪（如悲伤、焦虑、愤怒等） ②情绪的强烈程度如何（0—100%）	说明： ①使用《帮助形成替代性反应的问题》形成你对自动思维的反应 ②你对每一个反应的相信程度是多少（0—100%）	说明： ①你现在有多相信之前的自动思维呢 ②你现在有什么情绪？强烈程度如何（0—100%） ③你会做什么或你做了什么

① Judith S. Beck：《认知疗法基础与应用（第 2 版）》，张怡、孙凌、王辰怡等译，中国轻工业出版社，2013。

续表

情景	自动思维	情绪	适合的反应	结果
例： 想邀请小明一起去喝咖啡	他不会跟我一起去的（90%）	伤心（75%）	①我并不确定他是否想去（90%） ②他在课堂上对我很友善（90%） ③会发生的最坏的情况就是他拒绝我，然后我会难过一会儿，但是我可以跟艾莉森聊这件事（90%） ④最好的情况就是他同意跟我一起去（100%） ⑤最现实的结果是他可能会很友善地说他很忙（80%） ⑥如果我一直假设他不会跟我去，我就不会去邀请他了（100%） ⑦我应该行动，去邀请他（50%） ⑧无论如何，这没什么大不了的（75%）	①自动思维：他不会跟我一起去的（50%） ②伤心（50%） ③我会去邀请他

帮助形成替代性反应的问题

1. 有什么证据证明这个自动思维是真的？有什么证据证明它是假的？
2. 有没有替代性的解释？
3. 可能发生的最糟糕的情况是什么？我能怎么应对？可能发生的最好的情况是什么？最现实的结局是什么？
4. 如果我相信我的自动思维，那会对我有什么影响？我改变想法的话，会有什么影响？
5. 我该怎么做？
6. 如果________________（某个朋友的名字）在这种情况下，有了这种自动思维，我会告诉他/她什么？

最后，请在表 4-2 中的最后一列对最初引发你情绪反应的自动思维的相信程度进行评定，并觉察自己现在的情绪，对情绪反应的强烈程度进行评定。在此基础上，思考你会做什么新的行为反应，并记录在表格上。

请参照上述过程，以及表格中的范例，利用《认知重建的自助五栏表》记录自己的情况和认知，从而帮助你更好地进行调节。

三、提升学习能力的小策略

（一）策略一："分心"大作战

结合注意品质，为了更好地帮助你减少在学习中的分心现象，请思考以下几个问题，将答案写在横线上。

（1）在学习中，什么会让你分心？

____

____

(2) 减少或避免分心的策略有什么?

(3) 谁可以帮助你或监督你?

(4) 如果你能成功避免分心，你可以给自己设置的奖励是什么?

备注：无论让你分心的是物品（如手机、镜子），还是人物、情境，最好的办法就是设法避开（除去）干扰刺激。这个小练习能帮助你思考如何应对分心。你可以和父母或朋友交流讨论，来确保你的策略更具合理性，然后寻找外部力量进行监督，并设置奖励，从而帮助你战胜分心，更好地完成学习任务。

（二）策略二：SQ3R学习法①

SQ3R学习法是结合学习和记忆规律发展而来的学习方法，特别适合于精读，有助于提高学习效率，促进知识的深加工，有助于记忆和独立思考。具体指以下五个学习阶段：

第一阶段，浏览（survey）。它是指当我们开始阅读时，先要对阅读材料有个大致的浏览，通过对前言、目录、章节标题、摘要等的阅读了解材料的框架和重点，为下一步阅读做准备。

① 张伟：《SQ3R学习法探究与反思》，《教育革新》2006年第3期。

第二阶段，提问（question）。它是指在第一阶段的基础上，依托自己的已有经验，在浏览的基础上进行提问。通过对自己不理解的章节、关键词进行提问，更有目标性，也更有乐趣。

第三阶段，阅读（read）。它是指在问题导向下寻找答案，对阅读材料进行深入理解。这一阶段通过做标记（线条、颜色、符号等）、做批注（所思、所感、所悟）、做笔记（整理逻辑框架）等方式对知识进行深加工。

第四阶段，复述（recite）。它是指能够脱离阅读材料进行回忆，对学习过的内容可以进行复述，这是一种很好的核查学习效果的策略。在这一阶段，能够对第二阶段的问题进行正确回应。

第五阶段，复习（review）。它是指对学习过的内容进行巩固，查漏补缺，对模糊的、未理解的部分进行再学习，加深对阅读材料的理解。一般而言，复习常常会起到温故知新的作用。

请找一篇文献或书籍，尝试用这个方法进行阅读。

（三）策略三：思维导图

思维导图（mind map），又称脑图、心智地图等，是由英国著名教育学家东尼·博赞发明的一种思维工具，目前已经在全球范围得到广泛应用。思维导图的优点在于它能用相互隶属与相关的层级图将各级主题的关系表现出来，运用线条把主题关键词与图像、颜色等建立记忆链接。思维导图以脑科学为基础，结合记忆、阅读、思维的规律，充分利用左右脑的机能协助人们在科学与艺术、逻辑与想象之间平衡发展，开启大脑的无限潜能。

下面我们参考胡亚茹（2014）的思维导图绘制规则，绘制图书《内在成长——心智成熟的四个思维习惯》的思维导图，供大家参考。

第一步，准备一张白纸，在纸的中心写出并画出主题。

图 4-4　思维导图的绘制（一）

第二步，在主题旁边写出第一个一级标题，以主题为起点画出由粗到细的主脉连接一级标题。

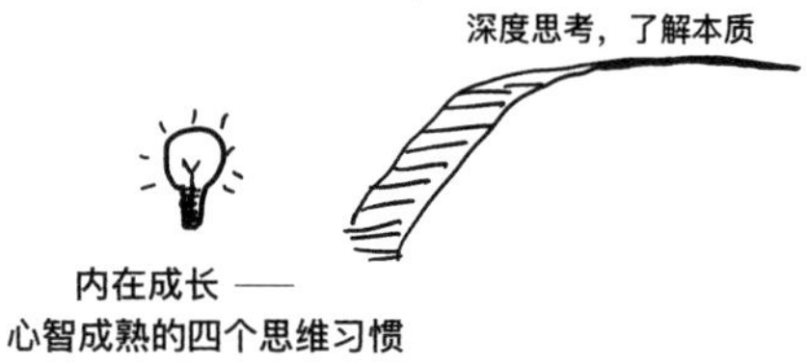

图 4-5　思维导图的绘制（二）

第三步，画上辅助理解文字的插图。插图颜色越丰富、形象越生动，在脑海中留下的印象也越深刻。

图 4-6　思维导图的绘制（三）

第四步，从一级标题延伸出该标题下的主要内容，以及二级、三级标题及插图。

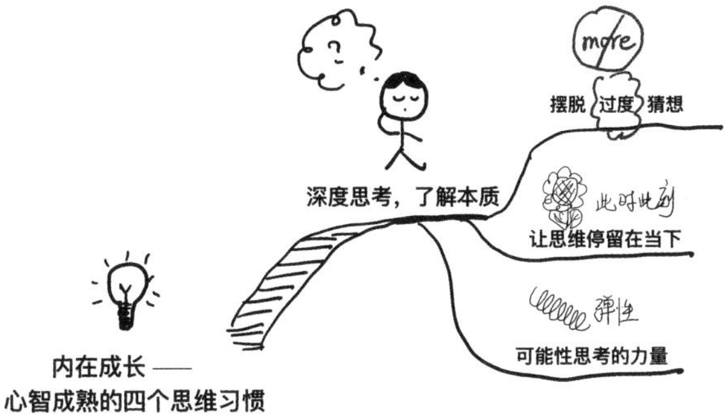

图 4-7　思维导图的绘制（四）

第五步，在主题边写出下一个一级标题，用主脉线条进行连接。参照第三步和第四步进行扩展。

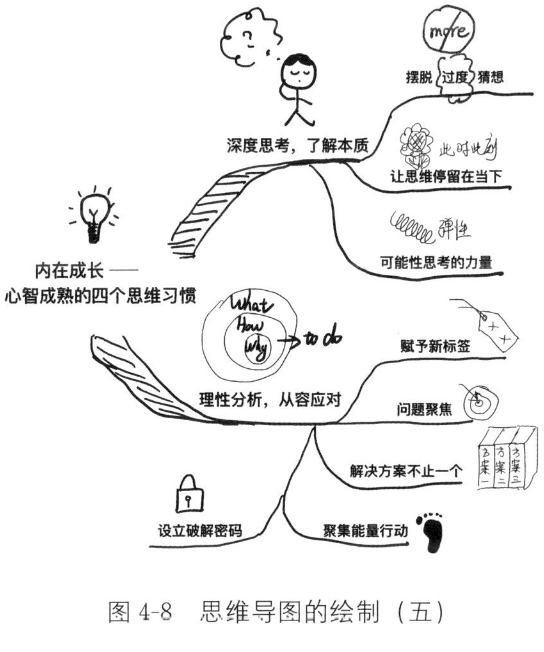

图 4-8　思维导图的绘制（五）

第六步，依序完成其他一级标题的展开。

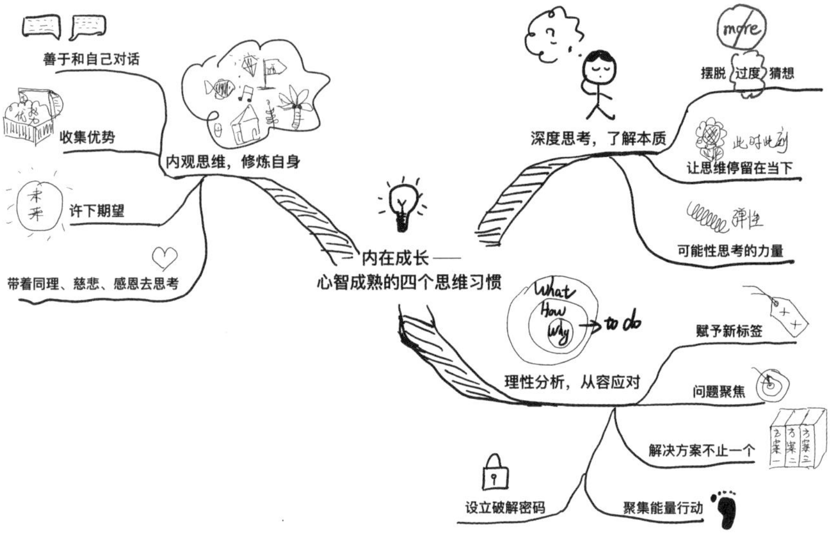

图 4-9 思维导图的绘制（六）

第七步，检查，思维导图完成。

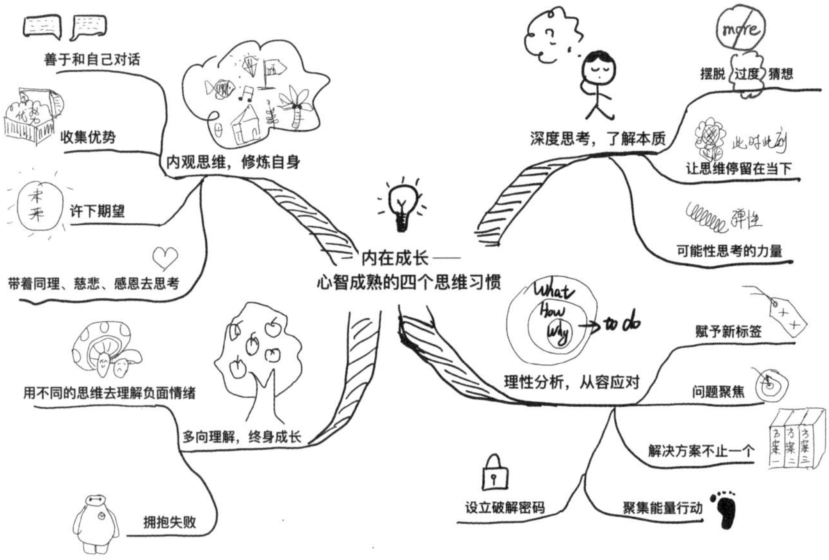

图 4-10 思维导图的绘制（七）

运用思维导图，不仅可以快速地梳理学科知识点，厘清逻辑，总体把握整个知识结构，也可以收集想法，做计划、总结、统筹事项等。绘制时，如果你可以图文并重，那是最好的；如果画图有困难，也可以以文字、线条为主。你可以自己用纸笔创作，也可以选择使用思维导图软件，例如 XMind、MindManager、百度脑图、iMindMap、亿图、MindMapper、FreeMind 等来绘制你的思维导图，让它成为你学习的好帮手。

第五章　我想有个朋友

案例导航：委曲求全的小乐

基本信息：

小乐，女，大一，独生女，身体健康，因与舍友发生冲突，非常痛苦，不想回宿舍，情绪低落，主动来寻求心理咨询师的帮助。

案例详情：

去上大学是小乐第一次离开家，第一次体验住校生活，父母教导她要多为别人着想。小乐很懂事，按照父母的教导，一直热心帮助同学。起初小乐和宿舍的5位舍友关系非常融洽。她总是操心宿舍的窗户是否关了，大家有没有带钥匙，帮大家去教室占位置，处处为大家着想。但问题渐渐就出现了：首先是作息时间。小乐习惯早睡早起，而同宿舍的其他同学休息的时间比较晚，如上铺的舍友A总是追剧到很晚，时不时还会发出一些声音。由于小乐睡眠比较轻，晚上经常被吵醒，导致睡眠质量很不好。小乐一直想跟舍友说，但又碍于面子，担心说了影响友谊，就忍着没说。其次是占位置的问题。有一次小乐走错了教室，因没有帮室友占到常坐的位置而被舍友A埋怨，小乐很生气，也很委屈。由于前一天晚上舍友多次上下床，噪音很大，导致小乐一整晚被吵醒多次，早上有点恍惚才走错了教室。但小乐想到自己确实答应帮舍友占位置，没有占到位置自己也有责任，就没有争辩。接着，宿舍卫生的事情让矛盾升级。虽然排了值日，但大家打扫起来比较马虎。某天，小乐实在是觉得宿舍太脏了，就动手打扫起来。小乐扫出来很多纸屑和头发，随口说了一句："咱们宿舍也太脏了，都成盘丝洞了。"舍友B发火了，认为小乐埋怨她打扫得不干净，是故意说给她听的。小乐并没有恶意，觉得委屈，但又不想引起宿舍的矛盾，就赶紧道歉、解释，希望缓和这种紧张的气氛。不过舍友B并不领情，摔门而去。晚上，舍友B主动和小乐说话，小乐也很快回应了，但她心里很不舒服，恨自己没有骨气，被欺负也不能保护自己，总是委曲求全。

小乐觉得自己在宿舍始终是小心翼翼地，生怕出现矛盾，很疲惫，希望改变。大家在一起说笑的时候常常会调侃她，让她心里很不舒服。她很想和舍友说这样不好，但又担心舍友觉得她斤斤计较、开不起玩笑。最近一次的矛盾是，舍友调侃起了小乐和小乐喜欢的男生，小乐实在忍无可忍，一时激动说了很伤感情的话，以及自己一直以来的委屈和愤怒，最后哭着跑出了宿舍。舍友也很震惊，没想到她的反应如此大，也有些不知所措。这几天大家都不怎么说话，非常尴尬，她也总是避免和宿舍同学待在一起。小乐希望回到开学时大家开开心心的样子，又担心一味地妥协会让自己很痛苦。

第一节　破解人际交往的密码

亚里士多德将人称为"社会性动物"。的确，人际关系对我们非常重要。在原始社会人们通过协作共同抵抗危险，相互依存使族群得以生存。婴儿从出生开始就有与人建立持续而亲密关系的需要。开篇案例中的小乐，很显然与人建立关系的需要没有得到满足，在人际交往中遇到了困难。那么，人际交往真的那么难吗？本节试图从心理学的视角与你分享人际交往的奥秘。

一、人际交往的原则

（一）真诚原则

在人际交往中，我们常说要用真心换真心，即真诚。待人真实诚恳、真心实意，往往能够快速拉近人与人之间的距离，获得他人的信赖。真诚是人际交往中必备的原则之一。

（二）平等原则

说到平等，我们作为独立的个体，尽管经济水平、社会地位和职业关系存在差异，但在精神上和人格上应该是平等的。平等意味着彼此真正意义上的相互尊重，我们能够尊重彼此的差异，尊重彼此的生活方式，通过尊重平等交往，进一步发展友谊。因而，平等是构建良好人际关系的前提。

（三）诚信原则

诚实守信是道德对人的要求，也是社会主义核心价值观的基本要求。在人际交往方面，应对他人诚实，有一说一，不弄虚作假；要守信，信守诺言，能够说到做到，如果办不到也要讲清缘由，对别人有交代。诚信有助于我们在人际交往中获得安全感和信任感，它是良好人际关系的基石，也是我们待人接物的基本原则。

（四）互惠原则

在人际交往中，彼此的互惠性越高，关系就会越密切，越稳定。这种互惠并不仅仅是经济上的互惠，更多的还是精神上和情感上的互惠。只有满足彼此的需要，人际关系才会持续。如果只是一方一味地付出和奉献，另一方一味地索取，常常会给关系带来隐患，不利于人际交往。因此，互惠是关系发展的动力，推动着人际交往的深入。

二、人际交往的要素

哪些要素有助于我们建立友谊？研究发现，彼此的接近和熟悉、彼此的相似性、外表吸引力和关系中的奖赏都会促使我们与他人进行交往，并发展友谊关系。

（一）彼此的接近和熟悉

在人际交往中，彼此接近更容易产生喜欢。研究者在大学生入学的第一次班会中随机安排位置，一年后学生报告，他们与第一次班会碰巧坐在一起或附近的人有更多的朋友关系（Back et al.，2008）。特别是人际交往中互动频率高的人，更容易发展友谊关系。我们常常与那些共享生活区、一起上自习、一起吃饭的人成为朋友。更重要的是，彼此接近、频次的增加带来了熟悉感，熟悉诱发了喜欢。

（二）彼此的相似性

中国有一句谚语叫“物以类聚，人以群分”。这句谚语就是相似性最好的体现。我们会更喜欢和我们相像的人。当了解到彼此具有同样的成长背景、兴趣、品位、价值观和信仰时，我们常常会感到愉悦。相似性产生了喜爱，当他人与我们的想法相似时，我们常常会给予对方更高的评价，表达愿意深入交往的意愿（Montoya et al.，2008）。

（三）外表吸引力

生活中，我们应更注重心灵而不是外貌。然而，我们也常常会出现“美的就是好的”的刻板印象，我们称之为外表吸引力的刻板印象。外表更具吸引力的个体在人际交往中往往更受欢迎。研究发现，外表更有吸引力的个体，也被认为更善良、更敏锐、更有责任感（Langlois et al.，2000；Sheppard et al.，2011）。

（四）对我们表达喜欢的个体

我们更喜欢那些喜欢我们的人，一旦我们注意到别人对我们表现出了更多的接纳和喜欢，我们就更可能和他们接近，而不是拒绝他们（Montoya et al.，2008）。我们都希望获得他人的认可，特别是当我们受挫时，他人的支持就会更加重要。这种被接纳、被喜欢的需求得到满足，从而促进了友谊的发展。

（五）关系中的奖赏

吸引奖赏理论认为，我们喜欢那些能给我们带来奖赏的人或与我们得到奖赏有关的人。举例来说，你为什么会和某人成为朋友？很多人会回答，和他在一起很开心，很舒服。关系中我们体验到的积极感受（例如温暖、支持、愉悦的感受）就是奖赏，我们喜欢与带给我们这些感受（奖赏）的人交往（De Houwer et al.，2001）。这也就解释了，我们为什么会被幽默、热情的人所吸引。

三、人际交往对大学生的重要意义

（一）满足心理需要

交往是人类的基本需求。心理学家马斯洛提出了需求层次理论，即人的需要包括生理需要、安全需要、归属和爱的需要、尊重的需要及自我实现的需要。这些需要我们只靠自己是很难得到满足的。大学生在社会群体中学习、工作和生活，人际交往为其需要的满足提供了重要基础。例如，归属和爱的需要依从于群体或他人，尊重的需要依托于他人的认可，这些都离不开人际交往。

（二）有利于信息交流

人际交往为信息的交流提供了便利。在与不同类型的人交往的过程中，我们获取知识、分享经验；人际交往中传递的信息常常可以作为书本知识的有力补充。大学生在交往中不断地学习新知识，交流思想和观念，增长见识，启迪心智。

（三）促进个体发展

良好的人际关系对大学生的个性发展和心理健康都至关重要。我们通过人际交往，不断地丰富对自我的认知，人际交往中体验的好与坏直接影响着个体的个性发展。在良好人际关系背景下成长的个体，更容易发展出热情、开朗的人格特质；反之，更容易发展出冷漠、害羞和自卑等人格特质。在心理健康方面，当大学生遇到挫折和困难时，人际交往为大学生提供了一个非常有效的社会支持网络。人际冲突常常容易诱发抑郁、焦虑等心理问题。

四、人际交往中常见的认知偏差

在人际交往的过程中，我们的认知活动常常会出现偏差。如果能够觉察到自己的这些认知偏差，将有助于个体发展良好的人际关系。从认知对象上，认知偏差分为两类。

第一类，对自己的认知出现偏差（具体可参见本书第三章）。过度低估自己或是以自我为中心，都很容易导致人际交往的困难。具体而言，过度低估自己的个体，在人际关系中常常表现出不自信，委曲求全，很难表达自己的需求和情感，长此以往不仅有损个体的身心健康，也给人际关系埋下了隐患。以自我为中心的个体，在人际关系中常常自以为是，不考虑别人的感受，在人际交往中冲突不断。

第二类，对他人的认知出现偏差。在我们与他人互动的过程中，常常会出现以下几种现象：

（1）首因效应。首因即第一印象。他人给我们的第一印象（相貌、谈吐、姿态等）常常在头脑中占据着主导地位，也影响着我们对他人随后行为的解释和评价。这种最初获得的信息比后来获得的信息影响更大的现象，称为首因效应。例如，在面试中，求职者良好的第一印象常常会给后续的表现加分。而不良的第一印象往往会导致求职者在第一时间就被淘汰。但这种第一印象并非绝对的真实可靠，有时可能会误导我们的判断。

（2）刻板印象。刻板印象是指我们对某一类人或物形成的相对固定、概括而笼统的认识。在人际交往中，我们倾向于主观地将个体归为某一群体，不管他是否呈现了该群体的特征，我们都武断地认为他具有这一特征。例如，我们常常认为法国人浪漫、德国人严谨，但当你遇到一个法国人或德国人时，不见得他一定具备这一品质。同样，我们常会有一些“地域黑”的思想，认为南方人小气、斤斤计较，北方人生活粗糙、大大咧咧，但实际情况可能并非如此。我们在成长中积累的对不同群体先入为主的判断，常常夸大了不同群体之间的差异和群体内成员的相似性，很容易对个体产生偏见和歧视，从而阻碍深入地交往，影响人际关系。

（3）晕轮效应。晕轮效应也被称为光环效应，是指在人际交往中我们仅仅依据个体身上被我们观察到的某个好或坏的特征，主观地推论到他的其他方面，得出对他的整体印象。由于人脑在加工信息时，收集的信息是有限的，而知觉过程有对事物整体属性加工和分析的特点，因而人们倾向于利用少量信息对他人做出整体的评价。这种从一个点逐渐推论到其他方面的认知方式，常常会犯“以偏概全”或“爱屋及乌”的错误。在人际交往中，我们会被个别信息迷惑，很难做出正确的决定。

（4）投射效应。中国有句古话叫“勿以小人之心，度君子之腹”，可以用来提醒我们要小心“投射效应”对我们的影响。这种把自己的某些想法、情感或特征转移到他人身上，认为别人就是如此的现象，称为投射效应。例如，经常在背后议论别人的人会认为别人也经常在背后议论自己，这种认知偏差常常是无意识的表现。如果我们将自己某些不讨人喜欢的特质、态度、想法强加于他人，就很容易造成人际交往中的误解，引发冲突。

五、大学生常见的人际交往困扰

大学生在人际交往的实践中，交往范围不断扩大。随着科技的发展，交往的方式也越来越多元化。在交往中常见的困扰主要表现在不敢交往、不愿交往和不善交往三个方面。

第一，不敢交往。这类大学生主要表现出害羞、自卑和恐惧的心理。尽管个体有很强的与人交往的愿望，希望拥有知心朋友，但其个性、生活背景和经历等多方面的原因使得他们缺乏交往的勇气和信心。具体表现为与人交往时非常紧张，心跳加速，不敢正视对方，甚至说话语无伦次。严重的情况可能发展为社交恐惧，回避社交场合，无法与他人沟通。

第二，不愿交往。这类大学生主要表现为对人际交往的愿望和兴趣较弱，认为自己的事情依靠自己都可以解决，相对独立。在他们看来，与人建立关系是非常耗费心力的，不想把宝贵的时间浪费在人际交往上。有些大学生对人缺乏基本的信任和理解，采取自我封闭的模式保护自己敏感的内心不受伤害，独来独往成了最好的武器，久而久之也习惯了这样的方式。有些孤芳自赏、以自我为中心的大学生常常把自己的需要放在第一位，冷漠和自私也让他人敬而远之。这一回避交往的行为使个体很难参与合作任务，常常在人际交往中诱发冲突，也给个体未来的学习和生活带了更多的困难。

第三，不善交往。这类大学生主要表现为缺乏交往技巧和方法，虽然有与他人交往的愿望，但由于他们不当的交往方式，影响了与他人关系的建立和深入发展。具体表现为在交往中不注意人际交往的基本原则，不注意场合乱开玩笑；在人际交往中过于热情，不能很好地把握分寸；语言比较生硬，不会表达自己的情感；不注意交往中的“第一印象”；拒绝他人时不讲究方式方法；等等。这些表现都在一定程度上给大学生带来了挫败感，长期的交往挫败也会诱发一系列的情绪问题。此外，这些行为也给交往的另一方带来了困扰。

第二节　案例详解

一、案例分析

（一）小乐的情绪情感分析

入学以来，小乐和舍友的相处逐渐出现问题，她的情绪也由最开始的真心愉悦到假装愉悦。由于小乐的睡眠总是不好，白天情绪比较烦躁，对舍友熄灯后仍发出声音的行为是有点不高兴的，但并没有在舍友面前展现出来。“占座事件”中被舍友 A 指责，小乐很委屈也很生气。“打扫卫生事件”中舍友 B 的发火让她的委屈和生气升级。为了维持关系，她仍然选择将委屈和生气压抑在心底，但又恨自己总是忍让。接下来，她被舍友彻底激怒，这次她仍想选择压抑，但没有控制住情绪。事件发生后，小乐很难过，对自己的行为有些后悔，对自己在宿舍的处境充满了担心。

不难发现，小乐很矛盾，一方面努力压抑自己的消极情绪，另一方面又觉得自己不该一味忍让，内心很纠结，情绪低落。

（二）小乐的认知特点分析

在小乐的这些情绪背后，都有一些普遍意义上对人际关系破裂的担心和认识。她认为，在人际关系中，避免冲突才能维持友谊；如果她表达了不愉快，就会破坏关系；只要假装不生气，大家就会和她做好朋友。这些想法让她不敢表达愤怒，也让她一味地退让和迁就别人。

此外，在归因方式上，小乐总是将宿舍发生的一系列事情的原因归结为她没做好，都是她的错。这种内在归因方式虽然有时候是有积极意义的，但刻板僵化地使用也会诱发她对自己的消极评价，从而影响她的人际交往。

（三）小乐的应对策略分析

案例中的小乐在宿舍的人际互动中总是牺牲自己，尽管感受到了伤害，但却不知道如何表达自己的情感，并用忍让的方式努力维持人际关系。这是非常典型的迁就策略，她用牺牲自己利益的方式进行人际交往，以舍友的利益为上。当委屈不断累积，小乐和舍友发生了正面冲突。她在宣泄情绪之后跑出了宿舍，此后也是尽量避免与舍友交流，这是典型的回避策略，试图尽力躲开让其不舒服的情境。但小乐明白，躲并不是长久之计，究其原因是她缺乏应对冲突的方法和策略。

（四）宿舍具体情况分析

首先，大一阶段的学业比较宽松，作为新生脱离了高中繁重的学业和父母的管束，正在体会自由的感觉，作息上不太规律。其次，六位同学来自不同的省市且以前都没有集体生活的经验，生活习惯不尽相同，还处在磨合、适应阶段，有冲突也是正常表现。再次，宿舍还未形成一个稳定积极的宿舍文化，彼此缺乏真诚的沟通，更重要的是还没有形成一个大家都认可的宿舍规则。

二、咨询过程

对小乐的问题，咨询师采用了个体咨询与团体辅导的方式进行解决。

（一）个体咨询阶段

认知行为的观点认为，小乐的情绪和行为表现并不是事件本身带来的，而是她对这些事件的想法造成的。因而，咨询的重点是改变小乐绝对化的想法和“都是自己的错”的归因方式。在很好共情的基础上，通过找证据的方式调整她的绝对化思维，并逐步和她讨论什么是更合理的想法。例如，用“即便我表达了不愉快，人际关系也不一定会破坏，也许会带来人际关系的深入，这取决于我如何表达”替换原有的“如果我表达了不愉快，就会破坏人际关系”的想法。随着对小乐非理性的想法做进一步引导，小乐的情绪得到了有效缓解，也慢慢看到冲突的爆发对她而言的积极意义。

与此同时，小乐在人际交往策略上也存在不足。通过对小乐案例的梳理，咨询师帮助她看到逃避策略虽然短时间内避免了冲突的出现，但是并没有从根本上解决问题，反而让负面情绪不断积累。通过角色扮演，帮助她用表里一致的方式替换惯用的回避、忍让的方式，练习如何恰当地沟通解决问题。

小乐的领悟能力和行动力都很强。两次咨询之后，她和宿舍同学的关系得到了缓和，但大家好像都有点心结。鉴于此，咨询师建议在个体咨询的同时，由另一位老师以宿舍为单位开展团体辅导，帮助整个宿舍改善人际关系。

（二）团体辅导阶段

在小乐的邀请下，大家欣然同意，整个宿舍开展了主题为“相逢是一首歌”的团体心理辅导，每周 1 次，共计 4 次。在团体辅导之前，咨询师分别与每位同学进行了访谈，邀请他们填写《人际关系综合诊断量表》（IRIDS），了解了每个人对团体辅导的期待和要求。

第一次团体辅导，明确团体目标，建立团体契约，构建一种安全、信任的团体氛围，引导每一位宿舍成员更好地认识自己和他人。通过一系列认识自我的活动，邀请每位同学分享对自己的认识，也请其他同学进行回应。邀请每个人至少写出其他每个成员身上的 3 个优点，并分享，进一步拉近宿舍成员之间的距离。在交流过程中，宿舍的每位同学都增加了对彼此的了解，也增加了对自我的觉察。

第二次团体辅导，在实践层面引导团体成员讨论如何更好地化解冲突。为团体准备了几个宿舍生活中经常出现的冲突情境，邀请团体成员讨论可能的应对策略。事先准备未能很好解决冲突的剧本，具体表现为每个人都不愿坦诚沟通，只考虑自己，对他人指责或冷漠相处。在角色扮演后，邀请演员分享感受，讨论这个剧本中的不当做法，以及给宿舍关系带来的不良影响。然后在团体中重新讨论、设计一个更积极的解决策略，并邀请团体表演出来。通过角色扮演，让每位同学都切身感受宿舍矛盾对个体的影响，同时发展出更积极的化解冲突的策略。

第三次团体辅导，引导每位成员说出彼此对宿舍的期待。通过“我心中的宿舍”的头脑风暴活动，分析大家目前的宿舍关系和理想的宿舍关系之间的距离，运用团队的力量，分析实现的具体策略，并从自身角度围绕“我能为宿舍贡献什么”进行讨论。

第四次团体辅导，团体成员共同制订宿舍契约。结合宿舍冲突暴露出的问题，以及大家可以想到的问题，引导团体成员从作息、值日、学业等方面制订有针对性的、可操作的宿舍制度，并通过表决推选宿舍长。

通过个体咨询，小乐能够很好地调整自己的情绪，并学到一些适宜的应对策略。团体辅导则进一步推动了整个宿舍人际关系的改变，从而营造出良好的人际关系氛围。

第三节 搭建良好人际关系的桥梁

如果你也有与小乐相似的困扰，可以通过以下策略进行积极的自我调整。但如果你还是很难从困扰中走出来，建议你寻求专业的心理咨询服务。

一、学会倾听

在人际交往中，倾听搭建了彼此沟通的桥梁，为有效的沟通奠定了基础。倾听时，要注意以下几点：

（1）多听少说，表达兴趣。

（2）不要随意打断他人的表达。

（3）注意非语言信息（面部表情、手势和动作等）。

这些基本要求不仅有助于我们理解对方的情感，也有助于我们做出有效的回应。更为重要的是，认真倾听、不随意打断，都在传达对说话者的尊重。当对方感受到被尊重时，也会回馈更多的信赖，从而可以为友谊的发展提供重要保障。

二、深入地了解自己、悦纳自己、完善自己

有时候他人就是一面镜子，通过和他人的交往，我们可以看到自己的缺点和不足，也会意识到自己前进的方向。通过觉察和反思，我们可以不断地认识自己，悦纳自己，完善自己。具体策略可以参考第三章。

一个悦纳自己、身心健康的人，往往更具魅力，在人际交往中也更容易收获友谊。

三、学会多角度思考问题

很多时候我们的情绪源于我们看问题的视角，通过下面这个练习，希望能帮助你从积极的视角来思考问题，把自己转换到更加有力和富有智慧的最强自我的观点、角色和话语方式上来。

策略：积极视角思考练习。

举例：因为他人对我挑剔，所以我不开心。

句式转换：将结果改为相反词，首句中的“因为”置后。

他人对我挑剔，我仍然开心，因为……

参考答案：①我知道了自己工作上的不足，这可以帮助我变得更好。

②这让我了解到别人的态度和想法。

……

练习一：因为今天的课程汇报没做好，所以我不高兴。

→汇报没做好，我仍然高兴，因为____________________________。

练习二：因为和舍友吵架，所以我很不开心。

→和舍友吵架，我仍然开心，因为____________________________。

练习三：因为一个好的沟通交流机会错过了，所以我很后悔。

→一个好的沟通交流机会错过了，我不后悔，因为______________。

备注：我们的情绪都有其合理性，这个练习并不是让大家隔离情绪，否定情绪，而是在我们接纳事实之后，积极地调整情绪。这些练习没有正确答案，但可以帮助你扩展对问题的解释，帮助你从更广阔的视角看问题。

四、懂得欣赏他人的长处

在人际交往中，我们都有被欣赏、被肯定、被支持的心理需要。莎士比亚曾说：“美好的语言胜过礼物。”我们可以通过赞美，表达欣赏、肯定和支持。关于赞美，以下这些要点非常重要。

（1）言之有物。赞美不应是虚无缥缈的，我们在表达赞美时要有具体的内容，切记夸大。真实、客观的表达往往让赞美变得更加真诚，也更容易被对方接受。

（2）及时赞美。赞美应在对方做出值得赞美的事情之后及时表达，它能及时强化他人的闪光点，能产生更好的效果。

（3）由心而发。赞美是一种发自内心的理解，切勿与恭维混淆。当你真心地欣赏和喜欢他人时，千万别埋在心里，发自内心的赞美是最打动人的。

（4）多样化的赞美。不要把赞美局限在语言上，赞许的目光、肯定地点头、微笑的面庞都是我们表达赞美的方式。

当赞美遵循以上要点时，它将为人际交往注入生机。每个人都有闪光点，我们需要学会欣赏他人的长处，并能够让对方在人际关系中体验到被欣赏、被肯定、被支持的感受。这些积极的感受是人际关系中重要的奖赏，促进着人际交往的深入。

五、积极行动

想要拥有良好的人际关系，不能仅仅停留在理性的认识上，还需要切身地开展促进人际关系的行动。

（一）策略一：构建行动清单

请回想与朋友一起经历的美好时光，思考哪些行为可以增进友谊，哪些行为会损害友谊。列出宝藏清单和垃圾清单，用行动浇灌友谊之花。

宝藏清单 （增进友谊的行为）	垃圾清单 （损害友谊的行为）
________________ ________________ ________________ ________________	________________ ________________ ________________ ________________
例如：一起去做体育运动； 和他/她分享喜悦和悲伤； 记住他/她的生日； ……	例如：欺骗； 答应他/她的事情没有做到； 总是否定他/她的决定； ……

（二）策略二：沟通技巧训练

请在下面的案例中选出你觉得恰当的回应和不恰当的回应。

案例一：考试在即，晚上大家都在宿舍内复习。A 同学使用大功率电器，导致宿舍跳闸，一下子停电了。

A 同学：（充满了歉意）啊啊，对不起，对不起，我这个吹风机估计功率有点大，跳闸了……

回应 1：（指责的口吻）楼管阿姨反复说不让用大功率电器！求你了，要考试了，你能不能不要给大家添乱?!

回应 2：（抱怨的口吻）还让不让人复习了，真有你的！我也是醉了！

回应 3：（温和的口吻）你的对不起收到，当务之急我们赶紧找楼管阿姨恢复供电吧，小 A，我陪你一起去！以后你的那个吹风机不要再用了，功率太大，也不安全！你也提醒大家了，以后要注意！

（1）恰当的回应是：________________

（2）不恰当的回应是：________________

（3）请写出不恰当的回应可能带来的后果。

____

案例二：开篇案例中的小乐被舍友很过分地开玩笑调侃。

回应 1：（愤怒的口吻）你们，你们太过分了！有没有教养?! 懂不懂得尊重一下别人?!

回应 2：（隐忍低声地说）别说了行不行，求你们别说了！

回应 3：（严肃的口吻）听到你们这么说，我很受伤，也很生气。我感到没有被尊重，请以后都不要再开这种玩笑！现在，大家是不是换一个话题?

（1）恰当的回应是：________________

（2）不恰当的回应是：________________

（3）请写出不恰当的回应可能带来的后果。

思考：

在案例一中，我们不难发现，指责往往暗含“都是你的错”的意思，往往更具有攻击性，抱怨也在传达不满的情绪。有时候个体为了维护自尊会选择积极抵抗，这很容易激起矛盾。更积极的回应是，对事不对人，着眼于解决问题，不激化矛盾。回应的关键是真诚表达，不话中带刺。回应 3 首先聚焦问题解决，将重点放在如何尽快恢复供电上。其次阐述建议，既给了小 A 更多的支持和理解，及时地化解了尴尬，也真诚地指出小 A 的错误，落脚点在以后要避免再发生此类行为。

在案例二中，回应 1 是我们在愤怒情绪下常有的反应。大多时候，情绪冲动带来的言语过激往往会引发矛盾升级，伤人伤己。隐忍妥协的回应往往更具风险，不仅会危及自身的身心健康，而且有可能带来更多的嘲讽。从开篇小乐的例子中不难发现，一味地妥协并不能带来良好的人际关系，假象的和平一旦打破对关系的冲击是毁灭性的。这里应该真诚、明确地表达自己的感受，但不用“发泄”的方式表达情绪。回应 3 真诚、明确，不仅可以让对方意识到问题所在，也给对方画出了边界，从而更有利于问题的解决。

第六章　两个人的华尔兹

案例导航：失恋的小晴

基本信息：

小晴，女，大二在读，独生女，性格内向。由于父母工作繁忙，小晴是由爷爷奶奶抚养长大的。半年前由于失恋，她常常陷入自我怀疑，觉得自己不可爱，感到绝望，认为没有人会关心自己了。分手之后，从难过发展为抑郁。最近一个月，不想去上课，没有食欲，对以前喜欢的事情也失去了兴趣，起床困难，不愿意和别人接触。在好朋友的劝说和陪同下前来咨询。

案例详情：

小晴自述，在她成长的大部分时间里都是不开心的，从小被寄养在奶奶家，尽管爷爷奶奶对她很好，但仍然常常觉得孤独。

上大学以后，小晴无意间知道了一个学长在很小的时候因父母出车祸去世，也是跟着爷爷奶奶长大的，所以对这个男生格外关注。相似的经历让两个人越走越近，很快两个人确定了恋爱关系。刚开始时，男生对小晴很好，很体贴，还会时不时给她一些意想不到的惊喜，这也是小晴第一次体会到被人疼爱的感觉。在爱情中，小晴全心全意地付出，给男友洗衣服，取快递，为男友做什么都愿意。就在她认为自己找到了真爱的时候，却发现男友喜欢上了别人。小晴难过、生气，但更害怕男友离开自己。于是她装作什么都没发生，并加倍地对男友好。每次好朋友规劝小晴离开这个男生时，她都难以割舍并陷入深深地自责之中，甚至认为是自己做得不好，男友才喜新厌旧的。不久之后，男友提出分手，小晴哭着请求不要分手，但男友异常坚决，并对小晴有诸多指责。第二天，该男生就公开了新女友的身份，并与新女友在校园出双入对。

小晴无法接受分手的事实，整日以泪洗面，不断地翻看彼此曾经甜蜜的微信聊天记录。痛苦和不甘让她鼓起勇气给男友发消息试图挽回这段关系，但没有收到任何回应。于是，小晴去找前男友当面讨说法。男生厌恶地说，不管她做得多好都不会再喜欢她，而且早就不爱她了，要不是看她可怜，也不会拖这么久……男生当着同学的面说了很多难听的话，并且警告小晴不要再纠缠他。小晴仿佛被打入了谷底，难过得说不出话来。这之后，她整日窝在宿舍，没什么食欲，人也迅速消瘦，经常失眠，舍友都很担心。小晴常常感到没有人会再来爱自己了。她一直在努力，想让父母爱自己，想让男友爱自己，但最后都没有得到。她感觉自己是不值得爱的，不受欢迎的。半年来，小晴的情绪持续低落，常常控制不住地泪流满面，对什么都不感兴趣。好朋友看到小晴的情况越来越不好，非常担心。小晴也觉得自己病了，需要帮助，但对心理咨询能否帮助自己充满了怀疑，觉得自己撑不下去了，再也不会开心起来了。

第一节　理解爱情

一、斯腾伯格的爱情三元论

现实中爱情的状态非常丰富，有的爱情亲密无间，缠缠绵绵；有的爱情激情澎湃，轰轰烈烈；有的爱情若即若离，各自独立。有的人一见钟情，有的人在相处中才碰撞出爱情的火花。爱情为什么会如此不同？

美国著名心理学家罗伯特·斯腾伯格（Robert Sternberg）认为各种不同的爱情都能由亲密、激情和承诺这三种成分组成，如图 6-1 所示。

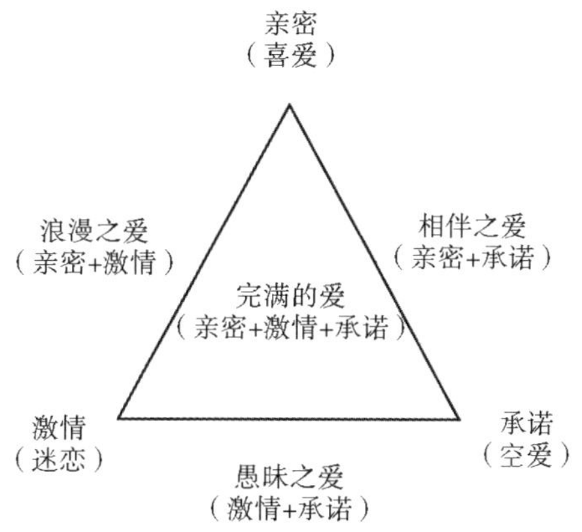

图 6-1　斯腾伯格的爱情三元论①

（1）亲密（intimacy），它能带来安全、温暖的情感体验，包括互相尊重、互相理解、彼此支持、亲密沟通及分享、珍惜等爱情关系里重要的特质。

（2）激情（passion），是爱情的主要驱动力，以生理的唤起和欲望为主要特征，是一种强烈渴望和另一个人成为一个统一体的状态。

（3）承诺（commitment），是爱情的认知成分，指全身心地投入爱情和努力维护爱情的意愿和决定，包括责任心、承诺和忠心等，例如恋人许下的山盟海誓等。

斯腾伯格的爱情三元论认为，亲密、激情、承诺这三种成分代表

---

① 戴维·迈尔斯：《社会心理学（第 11 版）》，侯玉波、乐国安、张智勇等译，人民邮电出版社，2016。

了三角形的三个边，每种成分的强度不同，这个爱情三角形就会幻化出不同的形状和大小。这也就解释了为什么会有这么多不一样的爱情类型。为了方便大家查阅，我们在表 6-1 中列出了八种典型的爱情类型，即亲密、激情、承诺三个成分充足或缺失构成的不同类型的爱情。

表 6-1　爱情的八种类型

类型	亲密	激情	承诺
无爱	低	低	低
喜爱	高	低	低
迷恋	低	高	低
空爱	低	低	高
浪漫之爱	高	高	低
相伴之爱	高	低	高
愚昧之爱	低	高	高
完满的爱	高	高	高

二、爱情发展的三个阶段

什么样的信号会让你意识到爱情来了呢？是脸红，还是心跳？什么时候我们会意识到爱情走了呢？是吵架，还是冷漠？婚姻真的是爱情的坟墓吗？爱情到底会经历怎样的发展过程呢？爱情发展的三个阶段可以很好地回答这些问题。

第一阶段：热恋。一般而言，这个阶段是爱情的起点，恋爱双方有说不完的话，无时无刻不惦念着对方，希望可以待在一起，会想方设法地满足对方的需要。这一阶段我们的神经递质水平发生了显著变化，多巴胺的分泌增多，脑区的奖赏通路也被激活，我们会体验到更多兴奋、愉悦的情绪。

第二阶段：独立期。随着热恋期激情的退却，恋爱双方开始寻求自己相对独立的空间。由于恋爱中两个人对独立的需求是有差异的，往往一方希望多一些自己的时间做自己想做的事情，而另一方则会感觉到被疏离、被冷落，从而造成两个人冲突不断。这时候，一方会觉得两个人在一起很压抑，想透透气，而另一方则会怀疑对方对爱情的投入度和忠诚度。如果两个人不能很好地沟通，不能冷静地处理各自对感情的需求差异，很容易引发分手。

第三阶段：共生期。这个阶段进入了更加成熟的人际关系状态之中。恋爱双方在保证独立性的同时又能照顾对方的感受，能够相互扶持，感情更加稳定。虽然恋爱双方有时候仍会争吵，但已经可以调整彼此不切实际的期待，能够共同探索解决问题的方法。

爱情会让我们成长。大学阶段的爱情很多都在第二个阶段就夭折了，当然也有走入第三阶段并走进婚姻殿堂的例子。了解爱情的发展过程，有助于我们识别爱情的轨迹。当热情褪去，归于平淡的爱情也许不再那么引人注目、扣人心弦，但它带给你的支持、温暖和力量会让你找到爱情的真谛。

三、对爱的误解

我们的成长经历、环境、文化往往影响着我们对爱的理解，各种各样的信息在引导我们找寻爱的真谛，但有时也会误导我们，导致我们难以体会爱的信息。以下是一些常见的误解。

（1）爱意味着永远。有时候，“爱情会永远持续下去”的想法会让我们在爱情中受挫。原因是恋爱双方都在成长，而爱情会随着恋爱关系的成熟进入不同的阶段。爱的强度、爱的深度都会发生变化。爱情不仅包含快乐的体验，也包含难过的体验。爱情是需要经营的，没有什么会永远不变，你需要做的是在爱情中不断赋予它新的意义。

（2）爱意味着性。在爱情中，两个人会有不同程度的身体接触。从牵手、拥抱到发生性行为，恋人们各自都有自己的价值观、舒服的距离以及对于关系发展的节奏把握。但在恋爱中，有可能会出现这样的情形：一方提出发生性行为的要求时，另一方并没有做好准备或者认为婚前不应发生性行为，但禁不住对方的各种理由而妥协。

这里有两点需要说明：首先，爱的前提是尊重，不管男性还是女性在恋爱中都应该尊重对方。我们想告诉大学生，如果他/她真的爱你，不会因为你的拒绝而离去，他/她会尊重你的感受和体验。其次，爱并不能和性画等号。恋爱双方需要充分讨论性行为带给两个人的影响。从生理结构而言，无保护措施的性行为会让女性面临更高的疾病风险（如性病、艾滋病等）及意外怀孕的风险。从接纳度而言，大众对女性发生婚前性行为的接纳度远远低于男性，社会文化对女性有更高的道德要求。因此，与性相关的行为应当建立在尊重、自愿和无伤害的基础上。在爱情面前，性可以等待。如果选择发生性行为，那么彼此应该思考是否可以承担相应的责任，如何避免负面影响，如何应对意外情况，等等。

（3）爱意味着奉献。爱意味着奉献，只说出了一半。爱需要奉献，但也需要接受回馈。当一个人在爱中只知道奉献，却没有接受回馈时，很容易在情感上变得枯竭和愤恨。我们常常可以看到奉献了一切的妻子对丈夫的埋怨。这些埋怨告诉我们，爱是相互的，奉献也应该是相互的，而不是一方一味地无原则地付出。我们每个人在情感中都是有所期待的，期待对方看见自己的付出，期待对方也能如此。更为重要的是，我们在奉献的同时，还要考虑这是不是对方想要的。如果对方不需要，很有可能会变成“爱的负累”。因此，要坦诚地沟通，勇敢地在爱情中告诉对方你的所求、你希望的回应，这样的奉献过程才会让你体验到更多的幸福感。

（4）好的感情是不应有争吵的。有时候我们很怕争吵会带来关系中的裂痕，处处规避冲突，试图维护情感，但却适得其反。这是由于，我们刻意地避免冲突和回避争吵阻碍了我们情感的宣泄，关闭了一种沟通渠道。其实，争吵也有它的适应性意义。恋人们在争吵中表达了在生活中从未表达的对感情的期待与不满，这可以帮助彼此看到对方在乎的事情以及两个人需要改变的地方。当我们能坦然地面对争吵，积极地看待争吵，能够在冲突中学习，争吵就变成了解决问题的前奏。这也就解释了为什么有的恋人越吵越相爱，越吵感情越好。

（5）真爱只有一次。有时候我们爱的人会离开，不论是时间上还是空间上，我们可能无法面对，觉得自己再也不会爱了，又或者在爱情中受了很重的伤，不愿再去爱了，因而封闭自己，远离爱的信号。但请你相信，时间是治愈一切的良药。在回避爱的过程中，你也在经历痛苦。接纳你所有的故事，痛苦才会抚平，转变成爱的能力。相信你会好起来，你也一定会再次邂逅真爱。

四、常见的心理问题

在爱情中，大部分人都会体验到愉悦、温暖和幸福，但同时也会夹杂着焦虑、抑郁、愤怒、无助等情绪。复杂的感受让我们在爱情中跌跌撞撞，不断成长，不断地去学着处理矛盾，学会爱与被爱。然而，寻求心理咨询的个体，往往在爱情中所受的挫折，不仅涉及自我认知也涉及早期的依恋关系，由此会产生一些心理问题。

（一）焦虑情绪

在恋爱关系中，有人会感到焦虑，躯体反应表现为手心出汗、肌肉紧张、失眠等；情绪上会比较紧张、焦虑，神经紧绷，害怕在关系中被评价、被拒绝、被羞辱，害怕承诺，害怕受伤。在这些情绪背后掩藏的思维模式是对未来的灾难化预测。比如：如果他/她觉得我不好怎么办？要是他/她伤害了我怎么办？如果他/她不爱我，只是利用我怎么办？人们应对焦虑的行为反应一般会有战斗、逃跑两种策略。所谓战斗，是指想要战胜焦虑，试图控制一切，通过不断地在人际关系中的所求或付出来维持安全感，而逃跑是指回避或逃离引发焦虑的关系或情境。

（二）抑郁情绪

我们在情感中遇到波折的时候，常常会有伤心、难过的情绪体验，这很正常。我们每个人都会有情绪的波动，有快乐的时候，也有难过的时候，但仅仅是不开心并不等同于抑郁。

抑郁情绪反应主要表现为持续性的低落、闷闷不乐、悲伤，有时会表现为易激惹，也可能表现出内疚或愤怒的情绪。思维特征上表现为自我批评、无望感、悲观等，严重的还会有自杀想法。具体而言，个体会认为“我是不可爱的”“我不好”“我是毫无价值的”“我是无能的”等，对发生的事情总是做出消极的解释，常常关注事件消极的部分，对还未发生的事情常常做出消极的预测。躯体表现为睡眠困难、常有疲惫感、吃得过多或过少，注意力难以集中。在行为反应上往往表现为行动力低下、活动减少，避免与他人接触、不愿出门。

第二节　案例详解

一、案例分析

（一）来访者的主要表现

一般而言，人的情绪是会有波动的，有难过的时候，也有开心的时候。在小晴的描述中，我们不难发现，她的抑郁情绪已经持续了半年多，低落的情绪一直没有回弹。失恋对小晴的打击非常大，她感受到的痛苦已经超越了普通的难过，并出现了一些抑郁症的躯体反应，主要表现为失眠、行动力低下、饮食变差、兴趣减退。这时候仅仅依靠心理咨询是不够的，咨询师建议她进一步去医院诊断，以确定最佳的治疗方案。

（二）早年的成长经历

小时候，小晴总是闹着要找爸爸妈妈，奶奶就会给爸爸妈妈打电话，但经常打不通。好不容易打通了，爸爸妈妈也只会问一下学习，偶尔承诺如果她考第一名就回来看她。小晴考了无数个第一名，可从来都没有等来父母。她非常希望父母可以来开家长会，可以陪在自己身边。然而，每年只有过年的时候小晴才能见到父母。每次她刚刚和父母从陌生到熟悉就要再次分别，父母走后她都会难过很久。但随着年龄的增长，小晴渐渐不再央求奶奶打电话，对父母也越来越失望。小晴从高中开始住校，每周回爷爷奶奶家一次。小晴内心深处认为父母并不爱她，只有爷爷奶奶会真心待她、记得她的生日、爱她疼她。每次小晴看到年迈的爷爷奶奶，就很怕如果将来有一天爷爷奶奶也走了，自己就真的是孤零零的一个人了！

（三）促发因素

这段持续了6个月的恋情，是小晴的初恋，这是她第一次向别人敞开心扉。因此，男友提出分手，对小晴的打击是巨大的，促发了她的抑郁情绪。在她心里，男友已经是除了爷爷奶奶以外最重要的人了。面对男友的移情别恋，小晴非常害怕那种被抛弃的感觉，于是寻求复合。然而男友的话再次深深地伤害了她，小晴的抑郁情绪更重了。

（四）认知与行为的观点

纵观小晴的成长历程，在学习方面，她认为自己是有能力的，有价值的。但在亲密关系中，她一直是敏感脆弱的，常常认为是自己不够好，才不被他人所爱。理由是：第一，小晴从小被寄养在爷爷奶奶家，很少见到父母，一直都有一种被父母抛弃的感觉。第二，小晴很想获得父母的关注，以为努力考第一名父母就会回来，可是父母没有说到做到，这让她非常失望。第三，别的孩子过生日都有父母陪伴，还有礼物，可小晴的生日只有爷爷奶奶。小晴对此的解释是，自己是个累赘，是不受欢迎的，是不被父母喜欢的，而没有意识到父母的工作性质需要经常出差，每年过年也都是尽量多陪伴她几天。

小晴对自己的难过伪装得很好，一直很努力地学习，在学校也有好朋友，用充实的活动来掩盖自己内心的失落。整个中小学阶段，她都是坚强的。直到遇到了有相似经历的男友，小晴卸下了自己所有的防御，全身心地投入到这段亲密关系之中。失恋对小晴的打击是致命的，“我不好”“我不可爱”的核心信念被激活。她开始出现一系列的负面认知，这无疑加重了小晴的抑郁情绪。请求前男友复合的小晴是卑微的，前男友的回应让小晴更加确定了自己的消极认知，即“没有人会再来爱我了，自己一直都努力地想要父母爱自己，想要男友爱自己，但最后都要不到！自己就是不值得爱的，不受欢迎的”。因而，小晴变得更加低落，睡眠质量更差，吃不下饭，兴趣减退，抑郁症状越来越严重。

（五）小晴的优势和资源

小晴求助动机较强，遵医性很好，而且她很聪明，学习上很努力，有要好的朋友能够给予她关心和支持。

二、咨询过程

（一）评估、转介并进行心理教育

咨询师对小晴的抑郁情绪进行了初步评估，由于情况有些严重，建议她先去医院的心理科请医生诊断，看是否需要服药，再配合心理咨询。小晴自身缺乏对抑郁症以及抑郁症治疗的相关了解，并且对药物效果充满了担忧，非常恐惧服药，觉得“精神病人才需要吃药，去医院看病吃药，自己就真的有问题了”，并且担心一旦吃药就要终身服用。

首次咨询中，咨询师针对小晴的病耻感和对药物的担心进行了心理教育。首先，咨询师告知小晴目前她到底怎么了，抑郁症是什么，抑郁症的主要治疗手段以及治愈后的情况。目前，人们对战胜抑郁症积累了大量的经验。一般而言，对于轻度的抑郁，心理咨询是最有效的治疗方法。但严重的抑郁则需要以药物治疗为主，同时配合心理咨询，效果会更好，复发率会更低。其次，向小晴澄清为什么服药这一问题。举个例子，当我们感冒的时候，有时候靠多喝水、多休息就能够缓解症状。有时候，仅仅靠自身的抵抗力很难应对，我们需要吃一些感冒药才行。更严重的感冒，还需要吃消炎药，甚至是打针才可以。同样，我们的心理也会生病。当我们遇到难过的事情，会有一些抑郁的情绪。有时候睡一觉就好了，有时候需要和朋友倾诉。但当这些都不管用时，我们就需要去寻求心理咨询师的帮助。更严重的时候，我们需要去看心理医生，需要服药才能好转。通过心理教育，帮助小晴看到抑郁症并不可怕，抑郁就好比我们身体的感冒，只要积极应对就能逐步好转，从而帮助小晴建立恢复的信心，激发她的咨询动机。

第二次咨询，小晴带来了医生的诊断——中度抑郁症，并要求服药、定期复诊并持续进行心理咨询。由于第一次做了很好的心理教育加之医生的专业建议，小晴能够正确对待服药问题，也愿意继续进行心理咨询。

（二）行为激活

从第二次咨询开始，咨询师向小晴介绍了心理咨询会谈将会是什么样的，并讨论了她对心理咨询的期待。同时，咨询师进一步了解小晴的情况，并与她讨论了目前她最想解决的问题，确定了咨询目标，然后布置了家庭作业，让她记录自己每天的时间安排和活动，同时对每个活动带来的愉悦感和掌控感进行评分，分数越高代表愉悦感和掌控感越高。在后续的咨询中，咨询师围绕这一作业与小晴讨论每天的行为活动，激励她多做愉悦感和掌控感得分较高的活动。同时，与小晴讨论以往她喜欢但现在很少做的事情（如用手机中的 APP 给动画片配音、画画等），以及让她感到愉悦的、觉得应该做而最近又没做过的事情（如给爷爷奶奶打电话、去看画展等）。通过讨论具体的实施细节，鼓励小晴将这些事情的一部分安排在下周去做。与小晴讨论可能出现的困难，帮助她进一步激活行动力，同时要求她记录进行这些活动之后的愉悦感和掌控感。通过小晴行为激活的效果反馈，让她意识到自己的情绪在有活动的时候有所好转，而在一个人待着、什么都不做的时候会变得糟糕。咨询师帮助小晴看到行为激活的益处，鼓励她按时上课，并邀请她记录情绪糟糕时脑海中出现的那些想法。

（三）认知重建

在小晴记录的想法清单中，我们可以看到这样一些句子："没有人喜欢我。""我是个多余的人。""我把设计作业都搞砸了，老师肯定对我失望透了。""无论我做得多好，也没有人会爱我。"通过这些句子，可以看出她对自己的看法聚焦在"我不好，所以不被他人所爱"这一核心观念中。在咨询中，咨询师进一步帮助小晴检查这些想法诱发的感受，帮助她看到自己的情绪是怎么发生、发展、变化的。同时，引导小晴评估这些想法的客观程度，寻找支持这些想法和反对这些想法的证据，询问她会给拥有同样想法的人提出什么建议，帮助她评估这些想法的客观程度，并对非理性的认知进行挑战和反驳，使她重建更符合事实的想法。在咨询中逐渐帮助小晴学会使用《认知重建的自助五栏表》进行自我反思（该表的使用详见第四章第三节）。在此基础上，咨询师和来访者进行角色扮演，并设计行为实验，在实践中引导她修正非理性的想法。通过多种方法帮助小晴学会识别自己的想法，并能对想法进行质疑和矫正，从而疏解情绪，增强她思维的灵活性。同时，进一步探索小晴"我不好，所以不被他人所爱"这一想法的形成路径，帮助她与过去和解。

（四）培养爱的能力

在咨询中，咨询师与小晴讨论了成长历程对亲密关系的渴望，帮助她领悟自己在爱情中的依恋模式，增强她的自我价值感；与她讨论在爱情中如何去表达情感，如何去经营爱情，进一步提升恋爱技能，培养爱的能力。

第三节　拥抱爱情

爱情是需要学习的。这就好比两个人的华尔兹，需要学习动作，聆听节奏。尽管舞动时也会踩到对方，但通过不断磨合，就会跳出美丽的舞步。因此，请不要把爱情理想化，它是一个实践的过程，也是一个自我成长的过程。

那么，我们应该怎样去迎接爱情呢？以下是几个小练习，可以帮助你梳理爱情的意义，也能帮助你更好地拥抱爱情。

一、增加爱的觉察

练习：爱的探索。

（1）写出你对爱/爱情的理解。

____

（2）结合第二节的内容，你存在哪些对“爱”的误解？

____

（3）关于“爱”，你在原生家庭中学到了什么？

____

（4）请写出“爱”在你的生活中扮演了什么样的积极角色。

____

备注：请认真思考这几个问题，它可以帮助你梳理对爱情的理解。你可以独自反思，也可以和你的好朋友一起来讨论这几个问题，帮助你扩展对这些问题的思考。你可以对照本章第二节的内容，检查自己对爱情是否有误解。

二、培养接受爱的能力

思考一：寻找未来的恋人。

（1）你希望未来的恋人是什么样的？请你列出最重要的 5 个特质。如果你已经有恋人了，请你列出你的恋人最重要的 5 个特质。

____

____

（2）如果遇到他/她，你会如何表达你对他/她的爱？如果你已经有恋人了，你目前会如何表达你对他/她的爱？

____

____

（3）请列举你在爱情中的担忧。

____

____

（4）针对这些担忧，你有哪些应对策略？

____

____

思考二：寻找爱的痕迹。

请在一周的时间里，密切关注来自朋友圈、微博、知乎、影视剧、广告等媒体有关爱的信息。

（1）请思考它们都是怎样描绘爱的。

____

(2) 这和你对现在的恋人/未来恋人的思考有什么影响吗?

(3) 在"思考一"你写的5个特质里，哪些是可以调整的?哪些是不能妥协的?为什么?

最后，你可以采访朋友、恋人、父母，倾听他们对这些问题的思考，并将你的答案与他们分享，比较各自观点的异同。希望这样的讨论会对你有新的启发。

以上这些关于爱情的讨论并没有统一的答案，每个人都有自己的偏好和价值观。完全套用父母、朋友的模式可能并不适用于你的亲密关系，但他们的经历和思考也许有你值得借鉴的部分。如果你有恋人，关于这些问题的讨论可能对你们彼此而言是非常具有建设性的。通过这些问题，你们不但可以了解彼此对爱情的期待和担忧，还可以了解彼此如何更好地互动。坦诚的沟通会让你们的关系更加亲密，彼此更加信任。

三、培养拒绝爱的能力

面对一份你并不想要的爱情，你知道如何拒绝吗?以下有几个表达拒绝的句子，请你按照拒绝的直接程度进行排序。

A. 谢谢你的抬爱，但我已经有喜欢的人了!

B. 我也不确定对你的感觉，不希望草率地开始一段感情。

C. 我把你当作好朋友，做朋友比做恋人好，你说呢?

D. 我们俩不合适，谢谢你!

E. 我不会喜欢你的，求你不要再来纠缠我！

F. 和你在一起很开心，但我知道这不是爱情，我对你不来电！

（1）请排序：________________

（2）你认为最好的拒绝方式是哪一个？________________

（3）如果没有，请写出你认为最好的拒绝方式，并说一说原因。

____

分析：不同的语言表达会传递不同的意思。面对表白，有时候是甜蜜，有时候是负担。希望你在收到有负担的表白时，能勇敢地拒绝。首先，要做到尊重他人；其次，要准确无误地拒绝，切忌含糊，给彼此带来麻烦；最后，掌握恰当的拒绝方式，不让对方难堪。做到以上三点，不失为一个好的拒绝。在这6个句子中，E的表达非常直接，但很伤人，请慎重使用。B的回应比较含糊，给双方留下了很大的余地。如果你并不是在犹豫观望，只是托词，不想太尴尬地直接拒绝，往往会给对方希望，造成双方的困扰。表白需要勇气，拒绝更需要勇气。学会拒绝，才能让你更接近你想要的爱情。

四、培养发展爱的能力

恋爱中，如何给"爱情"保鲜呢？你们是否可以做到相互理解、相互尊重，彼此珍惜呢？以下这个小练习建议你和恋人一起来完成。请准备两张纸、两支笔，选择一个安静的不被打扰的空间。

首先，请两个人独自用文字的方式回答以下几道题。

（1）请写出对方最吸引你的地方。

____

（2）请写出你身上最吸引人的特质。

____

（3）请写出你们在一起时你最珍视的回忆。

（4）请写出你们在一起时你最糟糕的回忆。

（5）什么方式会让你们的关系更紧密？什么方式会带来消极影响？

（6）请用“我们”开头，正确地造三个句子。例如：“我们正在写这个答案，感觉……”

（7）请想象，如果一年以后你将死去，你会改变目前生活中的什么东西，为什么？

回答完后，请两个人彼此交换答案，然后再进行讨论。

希望这个讨论能让你们彼此意识到爱情的可贵，意识到你们需要深入了解彼此，共同浇灌你们的爱情之花。

第七章　从虚拟回归现实

案例导航：沉迷网络游戏的小颖

基本信息：

小颖，男，大三，身材高大，面容略显憔悴。由于沉迷网络游戏，多次旷课。班主任和辅导员多次找他谈话，但都没有效果。小颖上学期挂科5门，也未能通过本学期的补考。由于累计旷课次数过多，外加不及格科目过多，学院正在考虑让他降级，并联系了家长。由于小颖不想降级，主动来寻求心理咨询。

案例详情：

高中巨大的学习压力以及父母对他严苛的管教导致小颖根本没有时间、也不敢玩游戏。由于专业学习的需要，一上大学父母便为他购置了笔记本电脑。在大学里，离开了父母的约束，有了更多自由的时间，加之宿舍便利的上网条件，小颖很开心，压抑了这么久，终于可以畅快地打游戏了。

大学一入学，小颖凭借高大的身材、得体的举止在班长竞选中赢得了大家的支持。刚开始担任班长时，小颖任劳任怨、非常负责。那时他是一个阳光、积极的大男孩。但好景不长，一款火爆的网络游戏走进他的视野。小颖不仅白天在宿舍玩，有时候晚上也会去学校周边的网吧包夜。他因为沉迷游戏忘了时间，耽误了好多次班级材料的报送，大家对他的评价也从“有责任心”变成了“不靠谱”。在第二学期班干部选举中，小颖落选了。他很难过，为自己的行为懊悔，怪自己没有抵挡住游戏的诱惑。于是，小颖积极地投入班级活动，认真学习，希望可以赢得大家的信任。遗憾的是，还没到下一次选举，他就懈怠了，又投入到了游戏的怀抱。小颖常常整夜地打游戏，白天无精打采，上课不是迟到就是趴在桌子上睡觉，也经常旷课，导致成绩一落千丈。大二下学期，他挂科5门，很担心无法毕业。但小颖的堂哥高中毕业就去沿海城市打工，收入不错，常常给他灌输“读大学有什么用，毕业一样找不到工作”“大学生还不如我挣得多”等想法。这让他一度怀疑读书的意义，有时候常常觉得“要享受当下的快乐”。生活中，小颖高超的游戏技能总是被大家追捧，这又让他很自豪。就这样，他在游戏中越来越难以自拔。

小颖的体育很好，羽毛球、篮球都是他的强项。但沉迷游戏之后，他很少去参加运动。因为打游戏不分昼夜，吃饭也不规律，整个人看起来很虚弱、没有精神。在人际关系上，小颖也变得越来越冷漠，脾气变得暴躁，好几次和舍友发生冲突。有一次因为宿舍断电，正在打游戏的他破口大骂，还和正在看书的舍友争吵，并发生肢体冲突，导致被班主任约谈。

面对小颖的沉迷，辅导员非常痛心，希望他可以戒除网瘾，走上正途。小颖也多次表达，知道自己沉迷于网络游戏是不对的，但就是控制不住自己。于是，他在老师的推荐下来寻求心理咨询师的帮助。

第一节 认识网络成瘾

一、网络成瘾的特征

随着网络的普及，“网络成瘾”也走进大众视野。临床心理学、精神卫生学等学科的学者以“网络成瘾（internet addiction，IAD）”为主题进行了大量的科学研究。不同的学者对网络成瘾的看法略有不同。世界上最具影响力的《精神疾病诊断与统计手册》(DSM-V)虽然尚未把网络成瘾正式纳入疾病诊断内，但将“网络游戏障碍”列入了“需要进一步临床研究和验证的问题”。这足以说明网络成瘾的情况越来越多，该问题已得到学术界的关注。医学上，对于“成瘾”的界定标准简单来说有四个：第一，无法自我控制，想停止但停不下来的戒断症状；第二，当无法使用时，会出现焦躁不安等不适症状；第三，有耐受性，用量或依赖越来越大；第四，对生活（包含学业、工作、人际交往、家庭互动等）产生负面影响。

我国研究网络成瘾的学者陶然等人（2008）指出，网络成瘾是个体反复过度使用网络导致的一种精神行为障碍，症状表现有：

（1）难以自拔的上网渴望与冲动。

（2）减少或停止上网时会出现烦躁、易怒、周身不适等戒断反应。

（3）原来上网所得的乐趣和满足感必须通过增加上网时间/浏览内容才能得到满足。

（4）难以控制自己的行为，多次试图放弃上网计划或减少上网时间，但总是失败。

（5）对网络以外的其他活动失去兴趣，觉得以前的爱好或娱乐活动无趣、不再参与。

（6）固执使用网络而不顾其明显的危害性后果，即使知道网络使用的危害仍难以停止。

（7）个体会向其他人（家人、治疗专家等）谎报上网的时间和费用。

（8）用网络游戏来回避或缓解无助感、罪恶感、焦虑等负面情绪。

一般来说，如果个体符合前两条症状，并且其余的 6 条症状中至少符合其中的一条，平均每日连续使用网络时间达到或超过 6 个小时，持续时间已达到或超过 3 个月，则判定为网络成瘾。

二、网络成瘾的脑机制

我们的行为受大脑支配，那么网络成瘾者的大脑到底发生了什么呢？大量的研究发现，网络成瘾与物质成瘾一样，即与脑内的“奖赏系统”（包括前额叶、基底神经节、腹侧被盖区、伏隔核、杏仁核、海马、背侧和腹侧纹状体等）有关。

具体而言，网络成瘾者的额叶皮层灰质体积较小，白质密度较低，负责冲动控制的额叶、扣带回结构和功能异于非成瘾者。这是网络成瘾者脑机制最突出的特点之一。这也解释了为什么网络成瘾者无法抑制上网冲动。与此同时，成瘾者的海马结构及功能也存在一定的弱化现象，这说明网络成瘾者的工作记忆功能较低。与非网络成瘾者相比，网络成瘾者的丘脑、纹状体、尾状核和脑岛被激活，脑内的“奖赏中枢”活性更强，这可能是由于引发的快感不断刺激奖赏中枢释放多巴胺的结果（贺金波　等，2012）。从网络成瘾的表现看，成瘾者存在难以自拔的网络渴求感。研究发现，在渴求状态下，成瘾者伏隔核的激活也显著高于非成瘾者。此外，成瘾者对奖励敏感，对惩罚迟钝。

由此可见，网络成瘾者长时间地沉溺网络，会使大脑不断分泌和释放多巴胺，对大脑的正常功能产生干扰。这种异常是暂时的还是持久的，目前还有待于进一步研究。

三、网络成瘾对健康的影响

随着互联网的发展、智能手机的普及，网络的使用越来越频繁。我们利用网络传输信息，获取知识。我们的很多需求可以通过网络得到满足，例如网上购物、网上就医、网上工作、网上学习、网上娱乐等。不可否认，我们的生活因为网络更加多姿多彩。但由于人们对网络的过度依赖，网络成瘾也给我们的身心健康带来了一些影响。

（一）对生理健康的影响

长时间的上网，人体的中枢神经系统会持续兴奋，自主神经系统紊乱，从而引起个体的免疫力下降，非常容易感染疾病。而且，由于长时间用眼和久坐，诱发眼部疾病、腰椎、颈椎疾病的风险也会更高。高频率使用电脑的个体，由于长时间操作鼠标，还会出现我们常说的“鼠标手”，容易诱发腱鞘炎和腕关节的相关问题。

（二）对心理健康的影响

网络成瘾使我们正常的社会功能会受到损害，个体会产生强烈的心理依赖。一旦不能上网，个体会出现一系列的情绪行为反应，具体表现为易怒、烦躁、易激惹、情绪低落、注意力不集中、记忆力减退等问题。网络成瘾还可以诱发品行障碍、人格障碍、情绪障碍等心理障碍。

现在手机早已变成了我们生活中的一部分，Wi-Fi、流量成了我们最基本的需要。大部分人使用手机的时间超过其他日常活动。很多人每天醒来的第一件事就是找手机，睡前更是。手机成瘾与网络成瘾有很多共同点，同样是依托于网络，只不过媒介由电脑换成了手机。大量研究表明，手机成瘾会进一步加重我们的情绪困扰，手机成瘾越严重，焦虑、抑郁等负面情绪出现的概率也会越大。孤独感、社交性焦虑与手机成瘾显著相关，这就给了我们一个更广阔的视角来思考成瘾带来的心理健康问题。

四、常见的网络成瘾分类

根据网络所提供的功能的差异，可以分为以下几种：

（1）网络色情成瘾是指对网络上的各种色情作品（文字、音乐、图片、影视等）成瘾，如强迫性地花费大量的时间浏览色情网站。

（2）网络关系成瘾是指利用各种网络社交工具进行交流，过度陷入虚拟关系中，但在现实关系中比较冷漠，用虚拟世界的关系代替了现实生活中的关系。比如网恋等。

（3）网络游戏成瘾是指长时间沉迷于网络游戏不能自拔，可以不择手段（骗钱、暴力等）地寻求上网来满足自己。

（4）信息超载成瘾是指强迫性地在网上搜索或下载大量的、无关紧要的资料，但仍然觉得收集的资料不够。

（5）其他网络强迫行为，例如强迫性的网上赌博、网上购物或网上交易活动，以及强迫性地编制计算机程序或钻研黑科技。

第二节　案例详解

一、案例分析

科技的发展、互联网的普及是一把双刃剑，对于自控力有待加强的大学生而言，在享受网络便利带来的好处的同时，网络成瘾的问题也日渐凸显。开篇小颖的案例也是很多大学生的缩影。

（一）来访者的主要表现

小颖上大学以后逐渐沉迷于网络，给自身的学习、生活带来了严重影响，具体表现为以下几点：

1. 生理方面

小颖长时间不分昼夜地打游戏，睡眠时间短，这给他带来一系列的身心疲惫反应，如面容憔悴、没有精神、没有食欲等。

2. 心理方面

当宿舍跳闸断电，正在打游戏的小颖暴跳如雷，并与舍友发生了冲突，最后还去了网吧继续打游戏。我们不难发现，小颖如果暂时不能上网，对游戏的强烈渴求会使他烦躁不安，并表现出情绪失控和行为失控。这些症状上网后就会得到有效缓解。这很像药物成瘾的戒断反应。此外，小颖对曾经酷爱的篮球等体育运动也失去了信心。他深知自己不应该沉迷于游戏，也很想控制但均以失败告终。

3. 人际方面

小颖在人际关系上从沉迷网络前的受人欢迎、为同学服务到沉迷网络后的与同学冲突不断、对人冷漠，形成了鲜明的对比。他将绝大部分时间都投到了网络游戏上面，而在现实生活中的人际交往越来越糟糕。

4. 学习方面

小颖的学习状况越来越差，频繁的迟到、旷课导致成绩持续下降，最终有多门功课不及格。这些都说明他由于沉迷网络，学习兴趣和学习动机都偏弱，学习行为上缺乏自制力。

以上这些表现都与网络成瘾的症状相吻合，并且已经持续了近一个学期的时间，对小颖的社会功能造成了很大影响，需要及时进行干预。

（二）小颖网络成瘾的原因探究

本案例中，诱发小颖网络成瘾的原因主要有：

1. 网络游戏的特点

客观上来看，网络游戏带来的趣味性和愉悦体验是非常具有诱惑性的。游戏界面、装备、人物互动、故事情节都给大学生带来了很好的感官刺激，这是诱发网络成瘾的重要基础。

2. 环境因素

大学的环境比较宽松，网络游戏是大学生经常采用的娱乐休闲方式。目前，网络已覆盖大学生宿舍，加之大学生基本都有电脑，课余时间学生在宿舍打游戏的现象非常普遍。这一大环境为小颖的游戏成瘾提供了土壤。

3. 小颖现实中的挫折体验

网络的虚拟性给大学生提供了一个广阔的天地，在这里所有的真实信息都被隐去，个体可以扮演任何角色。在游戏构建的虚拟世界中，小颖觉得特别自由，自己是行侠仗义的大侠，无拘无束。这极大地满足了他在现实世界无法被满足的需求。更为重要的是，小颖打游戏的能力让很多人望尘莫及，这在很大程度上弥补了班委竞选失利对他的打击，也让他暂时走出了现实中的挫折情境，避免了失败感和低自尊。但随着小颖沉迷于网络游戏的程度不断加深，他在现实环境中的挫折感也就越来越强，例如学习成绩下降、挂科等。这就形成了一个恶性循环。

4. 小颖的个性

小颖在父母严苛的教育中长大，受到的批评远远多于鼓励。小颖的父母都是中小学教师，对他从行为习惯到学习成绩都是高标准严要求，稍有做得不好，就会招来父母的责骂。他虽然性格外向，但内心对自己的评价并不高，有些自卑。外加小颖的自控力没有得到很好地发展，在接连的打击之下，小颖明知自己这么下去不行，但也没有约束自己行为的能力。

二、咨询过程

网络成瘾的心理咨询秉承“宜疏不宜堵”的原则，因此，要引导小颖找到成瘾的原因，帮助小颖提升自我管理能力，积极地进行调整以增强自我效能感。

（一）激发小颖想要改变的内在动机

从小颖主动来寻求咨询可以发现，他有想要改变的动机，但这种动机还不够强。首先，他的学习成绩不断下滑，没有学习兴趣，学习动机明显不足。其次，他在一定程度上受到堂哥的影响，对学业未来缺乏信心。这些不利因素的影响，很容易让他陷入消极的情绪中。咨询过程中，通过与小颖深入讨论沉迷网络的不良结果，激发他改变的动机。同时，以小颖目前不想被降级为出发点，与他讨论学习的意义、生活的意义，更多地激发小颖想要改变的内在需求和愿望。

（二）分析网络成瘾的原因，促进小颖领悟

网络成瘾的原因往往比较复杂。当来访者能够认识到自己网络成瘾的原因时，他们的改变才会真正开始。咨询师通过梳理小颖沉迷网络游戏的前后细节和重要的情感体验，帮助他意识到自己在自控力上的不足，引导他真正看到自己的问题并做出改变。同时帮助他挖掘以往的资源，如曾经很受同学喜欢、体育非常好等。咨询师利用这些资源帮助他提升自我效能感，增强他对改变的信心。

（三）探讨有效的行为策略，积极应对

结合小颖目前网络成瘾的特点，讨论有效的应对策略。首先，可以和他商讨行为契约和上网计划，帮助他进行自我约定——“什么情境下使用电脑，什么时候不能使用电脑”，并邀请他身边的朋友、父母、同学帮助其完成契约和计划。其次，和他的父母进行沟通，帮助父母意识到过于严苛的管教剥夺了孩子自我控制能力的发展，引导父母给予他更多的支持和关爱，多倾听他的感受，促进其能力的发展。再次，与他一起讨论、制作自我警示卡（详见本章第三节），帮助他在日常生活中提示自己。最后，鼓励小颖多参加体育锻炼、多结交朋友，充实自己的生活以减少对网络群体的依赖。

第三节　走出网络成瘾

一、明确你的上网需求

由于网络的普遍性，很多学习任务、工作任务都需要依托网络来实现。那么既然我们难以规避网络的使用，就需要在每一次上网前明确自己的上网需求，正确地认识自己与网络之间的关系。比如，可以在上网前拟定一个待办的任务清单和时间安排，按照清单要求逐一完成任务。

二、增强自我调控

（一）策略一：调控我们的上网时间

首先，请回答以下几个问题：

（1）目前你用什么工具上网，都在哪里上网？

____

（2）针对不同的上网工具、途径，你可以做些什么来控制你的网络依赖呢？

____

（3）谁可以来约束、控制你的上网时间和频率呢？

____

（4）除了上网，哪些活动对你有吸引力？

____

（5）你为自己树立的短期目标和长期目标是什么？

____

（6）什么可以激励你？

____

其次，基于对这几个问题的思考，制订你的时间调控策略。

问题一和问题二的落脚点是先摸清上网的工具，看看在这个层面上可以做什么调控。比如，经常在宿舍打游戏，可以考虑避免办理包月的上网计费套餐；如果用手机上网，可以卸载手机闲置的 APP；和朋友家人在一起时，尝试开启手机的免打扰功能；睡前不使用手机、平板；等等。

问题三在于寻找你的外在支持，寻找一个好友或家人帮助你、监督你，也是很好的办法。当对手机过度依赖时，你也可以做自己的监督人，利用手机 APP 设置免打扰、取消朋友圈更新提醒、关掉 APP 的推送消息等方式让你能够更好地专注于当下的工作与学习。

问题四试图帮你探索其他的有吸引力的活动。例如，学习一门技能或艺术，参加社会实践活动，与朋友出游，等等。这些都会让你的生活更加充实。

问题五和问题六在于调动你的自身资源，挖掘你的能动性，通过目标激发你的行动力，不至于沉溺在网络里无法自拔。例如，你可以把你的目标写出来或画出来，放在书桌或床头等显眼的位置上，每次想上网的时候就拿出来默念几遍。你也可以寻找一些有效的自我激励方式，例如给自己买一个小礼物等，鼓励自己养成良好的上网习惯。

最后，你还可以充分利用你想到的其他策略，有效才是硬道理！

（二）策略二：制作自我警示卡

很多时候，我们打算改变某项行为时都会夸大其困难，以至于我们觉得改变是无法做到的。请你意识到这是人类面对改变常常出现的自我歪曲的想法。你可以通过填写下面的表格，制作自我警示卡并带在身上，随时提示自己改变会带来的好处、不改变可能面临的坏处。

网络成瘾带来的消极影响： （至少写 5 个）	摆脱网络成瘾带来的积极影响： （至少写 5 个）

（三）策略三：重启你的专属活动

请回答以下几个问题：

（1）写出网络成瘾以后你很少做或者你再没有做的曾经让你很愉悦的事情。

____

____

（2）请思考每件事带给你的生命意义是什么。

____

____

（3）请根据每件事对你的重要程度和难易程度进行排序。

____

____

（4）选择一个比较容易开始的简单活动立刻去实践。

____

____

希望这个活动能够帮助你重启除了网络之外的生活。通过提问引导你从最简单的尝试开始，激活行动力。让你意识到，除了网络，现实生活中的活动也可以带来愉悦感和价值感，帮助你从虚拟回到现实。

三、主动求助

一般而言，成瘾行为往往是激活了我们生理上的奖赏通路，因而戒断的难度非常大，复发率也比较高。如果网络成瘾已经严重影响了你的学习和生活，并且在你采用上述策略都无效的情况下，你就需要寻求心理咨询师、心理治疗师的帮助。你可以选择学校的心理咨询服务，也可以去心理咨询与心理治疗机构，通过专业人员的帮助，解决网络成瘾的问题。

第八章　未来可期

案例导航：求职受挫的小唯

基本信息：

小唯，男，大四，独生子，自尊心强，面临毕业非常焦虑，投了很多简历都石沉大海。最近经常失眠，对未来很担心，主动来寻求心理咨询师的帮助。

案例详情：

小唯性格比较开朗、活泼，父母都在事业单位工作，对他的教育也比较开明。学业上，小唯成绩一般，父母也未给他很大的压力，高考时他考上了一所重点大学，全家人都非常高兴。在他看来，这是自己实力的体现，自己比其他人聪明一些，不用特别努力，也可以考出好成绩。在大学的前两年，小唯一直热衷于参加学校的各类社团活动，并且沉迷于吉他，还组建了一个乐队，在校园里小有名气。他很享受这种被人追捧的感觉。他把大部分时间都用在了乐队上，因此学习成绩一路红灯，每学期都要面临多门补考和重修。

大三一开学，由于乐队的鼓手出国学习，贝斯手准备考研，键盘手忙于社会实践，乐队被迫解散。小唯惊讶地发现，乐队里的每个人都有很清晰的规划，玩音乐的同时都很好地兼顾了学业。只有自己在傻玩，学业一塌糊涂，未来也一片迷茫。小唯第一次开始思考未来。他并不打算当明星，靠弹吉他、唱歌养活自己，但对未来他也从没做过规划。他所在的班级，几乎70％的同学都在准备考研。在贝斯手的建议下，小唯也觉得考研是更好的选择，晚一点就业也更有竞争力。于是，他开始准备考研，并很快通过了需要重修的课程。在他看来，自己稍微努力了一下，重修的课程就通过了，考研应该也没有那么难，自己差不多学一下，也可以通过。其他考研的同学每天早出晚归，大部分时间都泡在图书馆里，但小唯每天只是象征性地去图书馆打个卡，学习一会儿，用手机看看视频、听听歌，一天也就过去了。

大四第一学期，招聘会非常多。小唯相信自己肯定可以考上研究生，完全没有考虑就业的问题。第二学期一开学，考研初试结果公布，小唯没有通过。面对这一结果，他开始埋怨贝斯手鼓动自己考研，埋怨自己运气不好。无奈之下，小唯开始思考找工作的问题。到底是去企业，还是准备公务员、事业单位的考试，他拿不定主意，对自己的未来也非常迷茫。犹豫再三，他决定两者都试试，于是一边准备公务员考试，一边参加招聘会。几场招聘会下来，小唯投出了二十几份简历，但只有两个单位通知他去面试，而且最后都以失败告终。接连的打击让他的自尊心受到了重创。他每天都睡不好，很焦虑，注意力不集中，无法静下心来准备公务员的考试。班里不考研的同学，在上学期的招聘会上大都签到了称心的工作。小唯觉得自己不但考研失败，找工作也屡屡碰壁，很没面子。这段日子，他对未来迷茫又担忧，非常烦躁、焦虑。

第一节　了解职业生涯规划

对于大四的学生而言，这时就好像走到了人生的十字路口。很多同学面对是考研还是工作的选择时非常迷茫。他们在不断思索自己未来的发展方向。此时，到底该何去何从呢？职业生涯规划也许可以回答这个问题。实践发现，职业生涯规划能够有效帮助迷茫中的大学生拨开迷雾，迎接未来。

一、职业生涯规划的原则

职业生涯规划是对自己未来从事的工作、担任的职务以及在职场扮演的角色的计划和安排，简单地说是一个对未来职业的长远计划。良好的职业生涯规划应考虑以下几个原则：

第一，职业生涯规划应考虑社会需求。社会需求为个体自我价值的实现提供了广阔的平台，如果脱离了社会需求，则很难被社会所接纳。因此，作为新时代的大学生，应充分考虑社会的发展以及社会对人才的需求。

第二，职业生涯规划应与个体综合能力的提升相结合。随着时代的飞速发展，在已有能力的基础上，我们还需要具备终身学习的能力、良好的组织沟通能力和创新能力，不断朝复合型人才的方向迈进。随着职场对员工能力的要求越来越高，综合能力的提升有助于个体持续保持竞争力，实现职业理想。

第三，职业生涯规划应服务于个体的身心健康。健康的体魄和心灵为个体的价值实现提供了坚实的保障。没有健康做前提，其他一切职业生涯发展都变成了空谈。因此，在职业发展和规划的尝试中，我们需要充分考虑身心健康因素。

二、大学生职业生涯发展的阶段和任务

从生涯发展的角度看，大学生一般经历三个阶段：生涯适应期、生涯探索期、生涯决定期。这三个阶段有不同的生涯发展任务，具体见表 8-1：

表 8-1　职业生涯的发展阶段

阶段	生涯适应期（大一）	生涯探索期（大二、大三）	生涯决定期（大四）
学习方面的任务	①了解专业发展 ②培养学习习惯 ③参与社团活动，发展社交能力	①专业学习 ②探索职业目标 ③参与社会实践，了解职场状况	①了解相关职业/考研信息 ②理性选择并对选择负责 ③求职技巧学习/考研的准备
成长方面的任务	①探索个人兴趣和价值观 ②适应环境、培养自立能力	①进一步了解自我兴趣和价值观 ②发展与职业生涯相关的能力	①理解工作/考研和生活的关系 ②进一步规划未来

三、职业生涯规划的基本步骤

从认知的观点来看，职业生涯规划的过程是一个信息加工的过程。基于 Sampson 等（1992）提出的信息加工金字塔模型（如图 8-1 所示），我们可以很好地理解职业生涯规划的三个基本步骤。

第一步，自我探索和职业探索。这是对位于金字塔底部的两个知识领域——自我知识和职业知识的探索。自我知识包括了解自身的兴趣、价值观、气质、性格、能力等知识。职业知识包括了解职业、社会环境、个人对职业的职责和责任的理解、担负起这些职责所需的教育和培训要求等。

第二步，做出决策。这是基于金字塔中层决策技能领域来做出决策，即借助一般信息加工的能力整合自我知识和职业知识，做出恰当

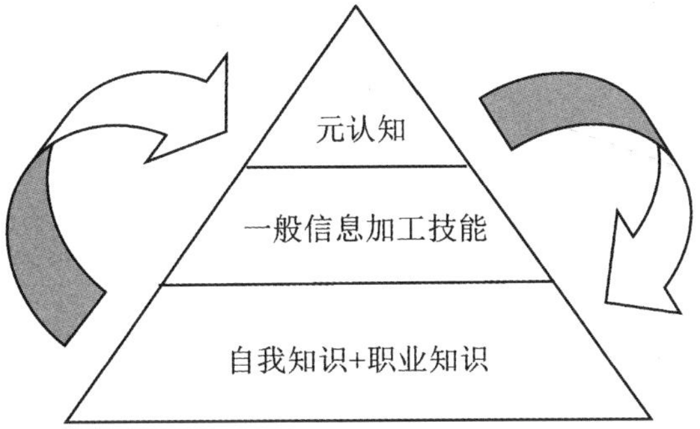

图 8-1　信息加工金字塔模型

的、适合自己的职业决定。通过沟通、分析、综合、评估、执行五个过程逐步明确职业发展的方向、目标，设定生涯发展路径，制订行动方案并实施。

第三步，反思再调整。基于金字塔最上层的执行处理领域开展工作，具体包含引导和调节低级认知功能的元认知成分。“元认知”代表的是执行加工能力，即个体对自己的计划、行动进行反思，检验并调整自己的决策。它主要包括控制实现目标的认知策略的选择和顺序，监控给定问题解决策略的执行，确定目标是否实现。这个领域也被称为“对思考的思考”，它需要从更高的角度把自己作为职业问题解决者来进行探索。

这三个步骤在职业生涯规划过程中可以不断循环。当金字塔最顶端的元认知过程发现目前的职业生涯发展方案并不适合时，就需要再次进行知识领域的探索，重新启动整个过程。

四、大学生职业生涯规划中常见的问题

（一）不能正确认识自己

这类大学生主要表现为过高或过低地评价自己，以及缺乏对自己

的了解。过高评价自己的大学生往往盲目乐观，容易产生自负心理，行为上夸夸其谈、目中无人，常常表现出优越感、对职业有更多的挑剔。这很容易给用人单位留下浮躁、不踏实的印象，最终导致错失好的就业机会。如果遇到挫折，他们也很容易陷入过低评价自己的漩涡中。过低评价自己的大学生往往缺乏信心，容易产生自卑心理，行为上羞于表现、紧张怯懦，常常在求职中表现欠佳。对自己缺乏了解的大学生比较迷茫，由于不知道自己适合做什么，常常在错误的方向上努力，在求职中屡屡碰壁。

（二）不能正确认识职场

由于大学生对职场缺乏基本的了解，常常做出错误的选择，产生后悔、失落、气愤等情绪，或是担心自己能否符合用人单位的要求，容易产生紧张、焦虑、抑郁等问题。此外，由于信息的不对等，大学生面对就业市场的激烈竞争缺乏准备，常常出现恐惧、害怕的感受，在行为上有可能采取退缩、回避的策略。

（三）缺乏规划意识

很多大学生职业准备不足，没有长远的计划，未能做到未雨绸缪，缺乏职业生涯规划的意识。主要表现为在认知上以“车到山前必有路”和“顺其自然”的想法为主导，在行为上非常容易受他人影响，盲目跟风，或者禁不住眼前的各种诱惑草率改变选择。他们经受挫折的能力往往较弱，容易碰壁。在大四面临毕业时，很多大学生常常采用“临时抱佛脚”的策略考虑自己的未来。但这样仓促的决定不仅不利于未来的发展，还会进一步引发对未来的担忧。

第二节　案例详解

一、案例分析

（一）来访者的主要表现

案例中的小唯在成功时乐于接纳荣誉。在他的认知里，自己比真实中的自我更聪明、更强大、更成功，这是典型的自我服务偏差的表现。在社会心理学领域，把这种个体倾向于用有利于自身的角度来进行自我觉知的方式称为自我服务偏差。其实，大多数人都会有这种偏差，表现为自我感觉良好。在某种意义上它可以使自我保持良好的感觉，缓解压力，但有时也会给我们带来消极影响。就像本案例中的小唯，面对考研失败觉得不可思议，很难切实从自身分析原因，只是怨天尤人。

毕业就在眼前，小唯考研失败，再加上求职失败，导致认知上的自我服务偏差被打破，他的自尊心受到了重创，特别是在与他人比较时发现，大家对自己的发展方向都很明确，小唯觉得自己很失败，对自己有一些消极评价。更为重要的是，他对自己是考研还是工作并没有一个明确的方向，只是走一步看一步，对未来没有规划。这些不确定性都让他很慌乱，在面对选择时很被动，同时也对未来充满了担忧。目前小唯的情绪主要为烦躁和焦虑。最近发生的一系列事件已经影响到了他正常的作息和学习，表现为失眠、注意力无法集中。这些表现反过来又令他更加烦躁不安，形成了一个恶性循环。

（二）原因分析

小唯的案例在大学生中具有很强的代表性，我们将从主客观两个方面来分析造成这一问题的原因。

1. 客观因素

首先，从整个社会而言，在高校扩招的背景下，每年毕业生的人数也在逐年递增，因此就业问题越来越突出。很多大学生为了增加自己就业的筹码或是暂缓就业压力，会选择留在高校继续深造。然而，读研是否适合每个学生？研究生是否在就业市场更有竞争力？这一系列问题的答案都因人而异，因专业而异，因社会发展的需求而异。因而，不管是本科毕业还是研究生毕业，是否能够做好职业生涯规划非常重要。

其次，随着社会的飞速发展，用人单位对人才的要求也越来越高。大学生走上工作岗位常常感到知识不够用，能力有所欠缺。小唯所学的专业每年就业率都不高，课程设置上对实践能力的培养关注较少。学校虽然开设了就业指导课，但小唯并没有学到多少有用的知识。

2. 主观因素

第一，个人的知识储备和能力都不足，这是小唯求职失败的核心原因。在大学的前两年，小唯基本都在玩乐队，虽然通过了重修考试，但对学科知识比较生疏，专业实践能力欠缺。屡次面试失败，问题也都出在能力考查部分。大学前两年的享乐生活为后续问题的产生埋下了伏笔。

第二，小唯的自尊心较强，抗挫折能力差，这也是他情绪波动较大的主要原因。面对一系列的失败，小唯很容易就陷入自我否定的旋涡中。由于缺乏良好的应对策略，他不断地暴露在失败体验中，导致消极情绪不断反复。

第三，缺乏职业生涯规划意识，这是造成小唯对未来迷茫的根本原因。对于考研、工作的问题，小唯根本没有进行深入思考，只是人云亦云地跟着大家往前走。之前，同学都考研，那他也考。但考研意味着什么，他并没有思考，自然缺乏复习动力。对于找工作，他也没有好好思考自己适合什么样的工作，盲目地投递简历，效果自然不佳。缺乏目标指引，缺乏动力维持，导致小唯对未来充满了迷茫和担心。

二、咨询过程

面对选择，大部分人都会烦躁和焦虑，但小唯的焦虑已经严重影响了他的正常生活。鉴于此，咨询师先对他开展个体咨询，在他的情绪和睡眠问题得到有效缓解之后，建议小唯同时参加学校开展的以“点亮未来”为主题的职业生涯规划团体辅导。

（一）个体咨询阶段

首先，深入理解小唯的处境，建立良好的咨询关系。对自尊心很强的人来说，向别人讲述自己失败的经历是不容易的。小唯一开始讲述了很多自己的辉煌故事和乐队解散前的事，对于求职失败的问题轻描淡写地带过。随着对咨询师越来越信任，小唯才真正敞开心扉讲述他的痛苦。

其次，针对小唯的情绪困扰和睡眠问题展开工作。当他在讲述中表现出烦躁和焦虑的情绪时，及时地进行放松训练，效果显著。随后，进一步教会他简单的自我放松技术，让他在情绪涌出的时候能够及时进行自我调整。

再次，聚焦小唯的认知偏差并进行修正。通过开放式提问，引导他意识到自己的自我服务偏差，帮助他客观地评价自己。针对焦虑、烦躁背后的认知展开一系列的讨论，引导他意识到目前的情绪和行为表现并不是事件本身带来的，而是他内在对这些事件的想法造成的。例如，对焦虑背后的想法（我会不会找不到工作？我的未来会不会就此走向了一条黑暗之路？）和烦躁背后的想法（我怎么就这么失败？）进行讨论，增加他对负面想法的觉察，引导他识别非理性的想法，并进行修正，从而进一步调整情绪。

最后，在小唯参加团体辅导的同时，仍然进行个体咨询，重点讨论认知的部分。在团体辅导中，小唯对未来的方向逐渐清晰起来。他制订了详细的职业生涯规划，并带到个体咨询中做了进一步讨论。他的烦躁和焦虑也渐渐被希望和信心所取代。

（二）团体辅导阶段

小唯在咨询师的建议下，参加了以“点亮未来”为主题的职业生涯规划团体心理辅导，每周1次，共计6次。团体成员是在全校范围内通过海报进行招募的，经过入组访谈，最后有12名与小唯有类似困扰的大四同学加入。

第一次团体辅导，通过热身活动，化解陌生，让团体成员互相认识，调动活动积极性。随后澄清团体期待，围绕团体目标和团体契约进行了讨论。

第二次和第三次团体辅导，通过一系列活动，从气质、性格、能力、兴趣、价值观等方面引导团体成员认识自己的个性特点，以及潜在的优势，帮助成员更好地认识自己。

第四次团体辅导，关注职场，引导团体成员进一步探索职业环境，了解所学专业与职业的关联，以及感兴趣的职业岗位的能力要求，并进行小组讨论。

第五次团体辅导，结合前几次团体的收获，将自我知识和职场知识相结合，引导学生进行客观地分析，做出恰当的决策。确定目标并进一步引导团体成员结合自己的发展愿景制订可操作的行动计划。

第六次团体辅导，邀请团体成员对前几次的团体辅导进行回顾，分享在活动中的感受、收获与改变，并进一步巩固收获，增强团体成员开启未来的信心。最后，用祝福的方式结束团体。

第三节 规划未来

本节将介绍一些职业生涯规划的自我探索策略，帮助你更好地规划未来。如果你也对未来比较迷茫，可以试着从下面的策略中寻找答案，或参加职业生涯规划方面的团体辅导进行积极调整。如果你还伴有很强的情绪困扰，可以参考第四章提到的缓解情绪的放松策略。如果尝试了这些方法，你还是很难从困扰中走出来，我们建议你寻求专业的心理咨询服务。

一、正确认识你自己

（一）策略一：挖掘自己的宝藏

求职前，大学生需要客观地评估自己的优势和劣势，帮助自己更好地选择未来的方向，最大限度地发挥自身的潜能。

请认真思考以下几个问题，它们将有助于你客观地评估自己。

（1）到目前为止，什么样的事情使你感受到了成功？至少写一项。

____

（2）你身上的哪些能力促发了该事件的成功？

____

（3）到目前为止，你做过什么样的事情使你感受到了巨大的愉悦？这件事与你感受到成功体验的事件是同一件事吗？

____

（4）你在做什么事情时体验到了失败？列举大学四年中发生过的最严重的三次失败事件。

____

（5）请分析失败的原因。失败之后，你采取了哪些措施避免失败再次发生？

____

（6）对你而言，求职过程中最大的困难是什么？你有什么好的应对策略吗？

____

（7）你的人生目标是什么？

____

（8）你有什么才能？来自周围人的答案是什么？

____

（9）你适合做什么样的工作？

____

看似几个简单的问题需要你静下心来认真思考。也许有些问题并不会马上想到答案，你可以先自己尝试回答，再与熟悉你的亲人、朋友询问有关的经历，帮助你回想可能被你忽略的关键资源。当我们处在消极情绪中时，常常回忆到的都是失败，但这并不能掩盖我们曾经体验到的成功和相关经验。我们相信，每个人都一定有成功的体验，哪怕它再小都不应被忽略。希望通过这些问题能够帮助你拨开迷雾，更好地认识自己，同时你也可以结合第三章提到的策略更好地了解自己。

（二）策略二：识别自己的职业兴趣

职业兴趣是指人们从事某种职业时具有的比较稳定而持久的心理倾向，即兴趣在职业方面的表现。职业兴趣对一个人的职业发展和职业个性的形成有着较大的促进作用，也是个人进行职业规划时需要注意的重要因素之一。

著名的职业指导专家约翰·霍兰德认为个体的人格类型、兴趣与职业密切相关，提出并发展了“霍兰德职业兴趣理论”。该理论将人格分为六大类型，即实际型、研究型、艺术型、社会型、企业型、传统型。每种人格类型的人会对相应职业类型中的学习或工作感兴趣。

接下来，我们选用简单版的职业兴趣测量——霍兰德职业兴趣岛游戏来探寻职业兴趣。

霍兰德职业兴趣岛游戏①

想象你将拥有一次免费岛屿度假的机会，唯一的要求是你需要与岛上的居民一起生活至少半年的时间。请不要考虑其他因素，仅凭自己的兴趣挑出你最想前往的岛屿。本次活动有6个岛屿供你选择，具体岛屿的描述请参看岛屿介绍，见表8-2。

选择3个岛屿，把最想去的岛屿排在第一位，请依次写下你选择的3个岛屿的英文缩写：(1) ______ (2) ______ (3) ______。

然后，请你凭借这三个岛屿的英文字母从职业索引表（见表8-3）中查询字母对应的职业兴趣和职业建议。

表8-2　岛屿介绍

R：自然原始的岛屿：岛上的自然生态保持得很好，有各种野生动物。居民以手工见长，自己种植花果蔬菜、修缮房屋、打造器物、制作工具，喜欢户外运动	I：深思冥想的岛屿：有多处天文馆、科技博物馆及图书馆。居民喜好观察学习，崇尚和追求真知。常有机会和来自各地的哲学家、科学家、心理学家等交换心得	A：美丽浪漫的岛屿：遍布了美术馆、音乐厅，大街上有街头雕塑和街边艺人，弥漫着浓厚的文化艺术气息。居民保留了传统的舞蹈、音乐与绘画。许多文艺界的朋友都喜欢来这个地方找寻灵感
C：现代、井然的岛屿：岛上建筑十分现代化，是进步的都市形态，以完善的户政管理、地政管理、金融管理见长。岛民个性冷静保守，处事有条不紊，善于组织规划，细心高效	E：显赫富庶的岛屿：居民善于企业经营和贸易，能言善道。经济高度发展，处处是高级饭店、俱乐部、高尔夫球场。往来者多是企业家、经理人、政治家、律师等	S：友善亲切的岛屿：居民个性温和、友善、乐于助人，社区均自成一个密切互动的服务网络，人们重视互助合作，重视教育，关怀他人，充满人文气息

① 刘燕吉、张洋：《大三年级，“路口”选择就在当下——兴趣岛测试在生涯选择中的应用》，《中国大学生就业》2013年第23期。

表 8-3　职业索引表

代码	特点描述	职业兴趣
R	愿意使用工具从事操作性工作，动手能力强，做事手脚灵活，动作协调。偏好于具体任务，不善言辞，做事保守。缺乏社交能力，通常喜欢独立做事。感觉迟钝、不讲究。踏实稳重、诚实可靠	喜欢使用工具、机器、需要基本操作技能的工作。可从事与物件、机器、工具、运动器材、植物、动物相关的职业，如技术性职业（计算机硬件人员、摄影师、制图员、机械装配工）、技能性职业（木匠、厨师、技工、修理工）等
I	思想家而非实干家，抽象思维能力强，求知欲强，善思考，不愿动手。喜欢独立的和富有创造性的工作。知识渊博，不善于领导他人。考虑问题理性，做事喜欢精确，喜欢逻辑分析和推理，不断探讨未知的领域。坚持性强，有韧性，喜欢钻研。为人好奇，独立性强	喜欢智力的、抽象的、分析的、独立的定向任务，具备智力或分析才能，并能将其用于观察、估测、衡量，形成理论，最终解决问题，可从事科学研究人员、教师、工程师、电脑编程人员、医生、系统分析员等职业
A	有创造力，乐于创造新颖、与众不同的成果，渴望表现自己的个性，实现自身的价值。做事理想化，追求完美，不重实际。具有一定的艺术才能和个性。善于表达，怀旧，心态较为复杂。非传统的，敏感，容易情绪化，较冲动，不服从指挥	喜欢的工作要求具备艺术修养、创造力、表达能力和直觉，并将其用于语言、行为、声音、颜色和形式的审美、思索和感受。不善于事务性工作。适合的职业如艺术、文学等。在工作中倾向于将事情做得漂亮、有情调，锦上添花，追求完美
S	喜欢与人交往，不断结交新的朋友，善言谈，愿意教导别人。关心社会问题，渴望发挥自己的社会作用，比较看重社会义务和社会道德。为人友好、热情、善解人意、乐于助人	喜欢与人打交道，能够不断结交新的朋友，从事提供信息、启迪、帮助、培训、开发或治疗等工作，如教育工作者（教师、教育行政人员）、社会工作者（咨询、公关人员）等

续表

代码	特点描述	职业兴趣
E	追求权力和物质财富，具有领导才能。喜欢竞争，敢冒风险，有野心/抱负。为人务实，习惯以利益得失、权利、地位、金钱等来衡量做事的价值，做事有较强的目的性。善辩、精力旺盛、独断、支配、乐观、自信、好交际、机敏	喜欢要求具备经营、管理、劝服、监督和领导才能的工作，如项目经理、营销管理、政府官员、企业领导、法官、律师等
C	尊重权威和规章制度，喜欢按计划办事，细心、有条理，习惯接受他人的指挥和领导，自己不谋求领导职务。喜欢关注实际和细节情况，通常较为谨慎和保守，缺乏创造性，不喜欢冒险和竞争，富有自我牺牲精神。有责任心、依赖性强、高效率、稳重踏实、细致、有耐心	喜欢要求注意细节、精确度、有系统有条理，具有记录、归档、数据特定要求或程序，组织数据和文字信息的工作，如秘书、办公室人员、记事员、会计、行政助理、图书馆管理员、出纳员、打字员、投资分析员等

二、正确认识职场

（一）策略一：广泛收集信息

（1）了解就业政策和社会需求——可以通过新闻了解国家、地区发布的最新就业政策，目前国家、地区的经济发展现状和人才需求情况。

（2）了解目标职业——可以通过访谈、调查、实地体验等多种方式了解目标职业要求的特质和胜任力，以及行业发展特点、行业前景、行业环境、薪酬区段等。

（3）了解目标企业——建议大家可以登录企业的官网，查询企业历史、企业文化、企业制度、企业中晋升发展机会等资料。

（二）策略二：生涯人物访谈

生涯人物访谈是常用的了解职场的方式之一，我们可以通过采访在职人士，了解感兴趣的目标职位的详细信息。在这里我们为大家提供一个访谈提纲，以供参考：

采访提纲

- 您工作多少年了？
- 您所从事的这份工作对员工有什么基本要求？
- 什么性格、能力的人可以胜任这份工作？
- 工作中哪部分让您最满意？
- 请用 0—10 分评估您的工作对整个部门/整个企业的重要性。
- 本单位的晋升流程是什么？
- 在这一行业，未来的发展是什么？
- 您在工作中不满意的地方是什么？
- 行业新人的入门薪金是多少？
- 您所在的企业福利待遇如何？
- 您觉得在工作中最有挑战的部分是什么？
- 还有哪些途径可以帮助我了解这一职业？

……

三、学会做决策

（一）敢于尝试，充分探索

在进行决策时，犹豫、不安都很正常，不要因此而退缩。作为当代大学生，你的人生才刚刚开始，未来还有很多事情需要做出决策，所以把决策作为一种技能来学习，勇敢地尝试不同的选择，在实践中充分地探索，是非常值得的。正所谓实践出真知，在实践中做出最适合你的选择。

（二）量化指标，做出选择

当面临不同选择时，你可以采用“利弊分析清单”来帮助你做出决定。

准备一张白纸、一支笔，将两个或多个选择写在纸上，分别列出每个选择的优势和劣势。写完之后，请统计在每个选项下，你总共写出了多少个不重复的优势和劣势。然后，根据你对不同优势的在意程度以及你对不同劣势的讨厌程度分配权重。最后，依据优势加分、劣势减分的原则计算每个选项的加权得分，从而依托分数做出有效决策。

（三）敢于改错，为自己负责

没有谁的决策会永远正确。决策往往伴随着风险和未知，既然如此，我们很有可能会做出错误决策。此时，需要我们不断调用和提升元认知能力，不断地反思、改进。因而，职业生涯规划是一个持续进行的过程。它不可能一次就做好，需要我们结合实际情况，以对自己负责为前提，及时改错，调整方向。

第九章　致生命——直面哀伤

案例导航：失去妈妈的小艾

基本信息：

小艾，女，大一，因无法面对母亲的离世，对父亲充满了愤怒。上大学以来，她一直压抑着自己心中的难过，假装很开心，仿佛一切正常，但食欲不好，睡眠质量差。前几日看到舍友的母亲专门来学校送饺子，小艾想起母亲在生前最后一次通话中答应要给自己包最爱吃的饺子，心中压抑许久的情绪喷涌而出。小艾心痛到无法入睡，情绪多次失控，感觉生活无法继续，所以前来求助。

案例详情：

小艾高三开学不久，她的母亲查出癌症。父母怕影响孩子的学习，未告知她。由于高三住校只允许周日回家，妈妈一如往常，小艾也没注意。高三下学期，母亲病情加重，需要住院治疗。家人隐瞒了妈妈住院的消息，告知她，妈妈出差了。每周小艾都会跟妈妈视频，总是吐槽妈妈不关心自己、心里只有工作，妈妈总是微笑着答应她说忙完了就尽快回家。

高考前一个月，小艾的母亲病情加重，已经无法跟她视频了。于是，小艾母亲就以出差在外信号很差为由将视频联系变成了短信联系，并告诉她工作太忙可能到高考结束才能回家，还答应到时候给她包饺子。高考前几周，小艾母亲病情急转直下，父亲本想告诉小艾真相，但高考近在咫尺，最终还是什么都没说。高考最后一门考试结束，她给爸爸在微信上留了言，就迫不及待地和同学去看电影聚餐了。小艾并不知道，那时父亲正在考场门口焦急地等她，准备告诉她妈妈的病情并带她去医院。小艾父亲收到微信留言之后，怎么给她打电话都没人接。小艾父亲在鱼贯而出的考生中拼命寻找女儿，也没有找到。不幸的是，就在那天晚上，小艾母亲病危，紧急抢救。一直到晚上8点多，爸爸终于联系上了小艾，并在电话里告诉了她妈妈的情况，小艾哭着打车赶往医院。就在她拼命赶往医院的路上，妈妈抢救无效离开人世。小艾不能接受这一事实，号啕大哭。随后几天，她不与任何人说话，将自己关在房间里。

这之后，小艾对爸爸非常冷漠，心里怨恨爸爸为什么不早点告诉自己妈妈的病情。整个假期，她常常看着和妈妈的微信聊天记录默默流泪，恨妈妈为什么骗自己，恨自己为什么没有发现他们的隐瞒！为了让自己好受点，她努力掩饰悲伤，装作没事人一样去和朋友聚会玩乐，但晚上回到家还是觉得非常空虚、痛苦，常常半夜哭醒。小艾父亲看到小艾天天出去玩，对她说了很多重话，小艾争辩的时候被爸爸打了一巴掌。自此，她再也没有和爸爸说过话。她报考志愿的时候选择了一个离家很远的城市，因为不想见到父亲，也不想待在家里。

目前，距小艾的妈妈离世已有5个多月，小艾仍不能释怀母亲的离去。她不接父亲的电话，每天都假装很开心，但内心深处非常悲痛。

第一节 理解生命

面对哀伤的议题，我们需要先来理解我们的生命历程，了解我们的来处与去处。在了解生命和死亡的基础上，我们才能更有力量地面对哀伤。

一、认识生命和死亡

（一）什么是生命

生命是什么？可能这是我们能想到的最简单也最难回答的问题之一。对于这个问题，可能很多人脑海中冒出的答案都来自于生物教材上的定义：生物体会新陈代谢，生长发育，适应环境并会繁殖出新的生命。假如这是个开放问题，我们便可以在很多有趣的维度解释并充分演绎。

诺贝尔奖获得者薛定谔（2018）在其著作《生命是什么》中对生命做了这样的定义：有生命的物体会避免变成混乱和无序的状态。生命具有极其有序的结构，进行着极其有序的生命活动，并且可以通过繁衍创造更多相似的有序个体。在文学家的视野里，有人说生命是一树花开，有人说生命是一场旅行，有人说生命是去粗取精的反刍，也有人说生命是馈赠。人们把所有美好的字眼都赋予了生命，也许生命本身就具有正向的意义与价值。

（二）什么是死亡

“死亡”这个词我们并不陌生，它在自然界每天都在发生。哲学上说，死亡是生命系统所有本来维持其存在（存活）属性的丧失且不可逆转的永久性的终止。从社会学的角度来看死亡是指人类有意义生命的消失，即没有思想也没有感觉。简单来看，死亡是指个体生命活动的永久终止，一般以心跳停止、呼吸停止及脑死亡为识别标志。目前医学界主张将脑死亡作为判断死亡的标准，认为个体脑死亡后，生命活动将无法逆转。

（三）生命与死亡的对立统一

生命是一个历程，如果说受精卵是生命的来处，那么死亡就是生命的去处。从生到死的过程中，我们在体验着生命本身。人本主义心理学家罗杰斯曾说："美好的人生是一个过程，而不仅是一种存在状态。"的确，我们存在的每一瞬间都在追寻、感受生命本身，在这个过程中，生命变得丰富、变得立体。然而生命是有限的，我们都走在一条通向死亡的路上。这么说可能有点悲伤，但这是事实，死亡具有必然性，它是生命的一部分。生命如同流水，只能往前，不可后退。生命具有不可逆性，死亡来临，个体无法选择。无论你的职位、财富、学识、年龄如何，我们都无法预知生命的长度，我们也无法预料自己以什么方式、在什么时间死去，但我们可以拓展生命的宽度，让生命的每一天都变得有价值和有意义。珍惜当下，生命则具有强大的潜能。

二、生死教育与心理健康

每个人都要经历从生到死的历程，但我们对待生命和死亡的态度，常常是割裂的、不同的。我们总是高调谈"生"，低调谈"死"。在约定俗成的观念里，死亡往往是晦气或不祥的象征，人们忌讳说"死亡"一词，常用"仙逝""离开"等词来代替。个体往往不知如何应对死亡引发的复杂的情绪，常常被告知"要坚强""不要哭"，强迫自己振作起来；又或者用各种方式逃避，试图忘记死亡的存在。然而这些观念恰恰阻止了我们去正确处理哀伤和正确面对丧失，也阻碍了我们客观地认识生与死。更令人担心的是，这将进一步诱发个体的情绪困扰和行为问题，甚至会影响个体的社会功能，使其无法正常地学习、工作和生活。

当个体能够对死亡有较深入的认识和思考时，对生命也能抱有更积极、正确的态度。但如果个体对死亡的正面影响没有客观地认识，这势必会影响个体的心理健康。关注死亡就是关注生命本身。生命丧失之际，也是一个特别好的进行生死教育的时刻。

生死教育既要重视生命教育，同样也要重视死亡教育。生命教育是对生命本身的关注，教育人们如何认识生命、珍爱生命、敬畏生命以及实现生命的价值，其实质就是生命价值的教育。它能唤起个体对生命意义的建构。弗兰克尔（2018）认为，生命意义是指人们对自己生命中的目的、目标的认识和追求，即人们知道生命意味着什么（认知部分），并为实现自己的价值去努力（动机部分）。死亡教育作为生命教育不可或缺的重要组成部分，包括对死亡的理解、对突发死亡事件的应对以及面对亲友死亡时的心理调适等。死亡教育可以帮助个体消除对死亡的错误看法，通过引导个体思考生命与死亡的对立统一关系，从而善待生命，过有意义的生活，树立正确的死亡观，从而树立积极的生命观。

正是死亡赋予了我们每个人对生命的热爱与敬畏，也正因为有时间做标定，我们的生命才具有真正的意义与价值。

三、哀伤常见的情绪行为反应

哀伤是由突发的丧失事件引起的“心理休克”现象，它沉重而又深厚，或苍白而又无力，掩藏着个体离死亡最近的情绪与故事。个体的哀伤反应包括生理反应和情感认知反应，也包括因身心反应而带来的外在社交和行为表现。具体表现为内心混乱、不知所措、复杂的情感反应（悲伤、痛苦、愤怒）、攻击性增强或社会退缩等（王建平　等，2019）。

个体哀伤的情感反应顺序往往如下：悲伤、震惊、难以置信、惊讶、生气以及混乱。个体常常有不同程度的抑郁心境，情绪低落。症状轻度的个体会感到忧伤、悲观，对事物失去兴趣，自我评价低，自责，内疚，有无用感、无价值感。

丧亲的大学生可能会出现一系列偏差行为反应，如飙车、打架、酗酒、自残等。有时候行为带有攻击性，表现方式相对激烈，出现严重的人际适应困难；有时候也会表现出另一种极端情况，即回避社交、人际退缩的行为。

从依恋理论看，哀伤是正常且有必要的。伴侣、亲人、朋友间的感情联结较深时，他们会不断从对方身上寻求安全与支持。但如果其中一方突然消失，他们可能变得极度焦虑，也会产生强烈的情绪以示抗议。面对亲友去世，个体的认知、情感及行为各方面均可能出现紊乱。因此，个体需要有一段时间来表达悲伤，释放情绪，让情感顺利过渡。中国的丧葬文化其实就是给丧亲者提供一个这样的机会，能帮助个体从哀伤中慢慢恢复。个体同时也会进行良性的转变，例如对所爱的人更加关怀、和其他人的情绪联结更加坚实、更能设身处地地为他人着想、具有更好的沟通技巧等。但也有一部分人靠自身的努力无法让情感顺利过渡，在经历巨大的丧失事件后，持续地出现诸多的情绪与行为问题。

哀伤是丧失发生后个体必经的过程。一般而言，随着时间的推移，正常的哀伤反应会逐渐减轻，个体可以用积极和健康的态度与方式去应对哀伤，适应生活的变化，重新开始正常生活。需要注意的是，当个体在其亲朋好友去世 6 个月后，仍无法接受死亡的事实，还伴有愤怒、内疚等情绪，不能正常学习、工作和生活，并且这种反应与个体所处的文化环境或社会背景不相符，就需要引起我们的关注。在心理学上，这种反应称为延长哀伤障碍（prolonged grief disorder，PGD）。延长哀伤障碍症状在丧亲群体中广泛存在，即使症状未达到诊断标准仍会对个体的身心健康造成不同程度的损害，这个时候求助心理咨询师是非常有效的方式（刘建鸿　等，2007）。

第二节 案例详解

一、案例分析

在大量的咨询实践中，我们发现有很多来访者无法走出丧失亲友的哀伤，或未能完成哀悼的过程以至于抱憾终生，或导致了一系列情绪和行为问题。小艾的案例就是一个典型。我们先来明晰丧亲、哀伤、哀悼的概念，以便在下面的分析中能够更好地进行理解。

丧亲是指失去挚爱的恋人或亲人。这是人一生中难以避免的部分，常常会给个体带来无尽的伤痛。研究发现，生活应激事件评定中，丧偶所带来的应激最大，其他家庭成员的去世列在第五位，由此可见亲人的丧失对个体生活的巨大影响。

哀伤是指丧亲者失去挚爱亲人后的反应。哀伤会影响到丧亲者的认知、社交、健康等多个方面。

哀悼是指丧亲者用不同方式来悼念逝者，是丧亲者哀伤情感的公开表达。哀悼形式与文化有很大的关系。

从小艾的故事中，我们不难发现以下几个关键点。

（一）突然的死亡

造成小艾痛苦反应最重要的原因是妈妈的突然离世。小艾的妈妈去世前，爸爸一直陪伴在妈妈身边，了解病情的发展始末，而对小艾来说，妈妈的离去却是突然的、毫无预警的。她对于妈妈死亡的意外性缺乏必要的心理认知和心理准备，这也是为什么小艾难以接受的原因。往日自己最亲近的人、最依赖的人突然离开，小艾一下子失去了精神支柱，这对她的冲击是非常大的。

（二）愧疚、自责和恨

小艾未能好好地哀悼过世的妈妈，这里面包含了浓浓的愧疚和自责。小艾从小和妈妈感情非常好，她想学什么、买什么，妈妈都会尽力满足。在她心里，妈妈温柔体贴、善解人意。尽管小艾总是任性不听话，妈妈也总是很有耐心地给她说明情况，从来没有打骂过她。妈妈生病之后，为了不耽误她的学习，忍着身体的不适还坚持给她发视频，而她还在视频里埋怨妈妈做得不好，埋怨妈妈不尽职。小艾一想到这些就觉得内疚。想起和妈妈视频说的最后一句话还是在埋怨她，就觉得自己很不懂事，后悔没有珍惜和妈妈在一起的时光，为自己的不懂事自责不已。同时，小艾没有见到妈妈最后一面，恨爸爸为什么不早点告诉她；恨她自己为什么如此大意，没有发现妈妈的不对劲和爸爸的欲言又止；恨妈妈为什么不说实话，剥夺了自己陪伴她的机会。

（三）爸爸的疏离

从小艾的成长背景来看，高二以前都是妈妈一个人带着小艾，而爸爸是近两年才退伍转业回归家庭的。高中以来小艾都是住校，周末回家和爸爸基本也没什么交流。小艾与妈妈的感情比较深厚，与爸爸比较疏远。由于爸爸之前的工作性质，每年只有很少的时间回家休假，父女的沟通非常有限。在小艾的爸爸转业之后，仍旧忙于工作，对家庭投入的时间较少，家里都是妈妈在操持。在她看来，妈妈非常温柔贤惠，爸爸比较严厉、偏执。她常常很心疼妈妈，觉得妈妈很辛苦，对爸爸颇有微词。爸爸在部队是领导，在家说话常常习惯性地带着命令的口吻，小艾常常不满爸爸的态度，与其发生冲突。她提到，爸爸是“粗暴、无礼、自私的”，一直以来父亲不仅缺失了女儿的成长，也失去了女儿的认可。

小艾待在家里就会忍不住想，也许妈妈没有死，只是出差没回来，但又知道她再也不会回来了。每个晚上她都会被孤独感吞没。在妈妈去世之后，小艾觉得自己没有了任何依靠。因为一直以来只有她和妈妈相依为命，现在妈妈走了，她就觉得自己被抛弃了，就剩下自己一个人了。小艾对爸爸有恨，认为妈妈生病的很大原因是爸爸这么多年一直忙自己的工作，很少顾家，导致妈妈太操劳。爸爸的一巴掌更让小艾觉得爸爸从来就没有爱过自己，没有爱过这个家，她对爸爸更是充满了恨！

二、咨询过程

（一）引发正常的哀伤

在许多人看来，死亡只是一个事实，一个他们必须接受的事实，或者说对他们的人生、生命只有负面影响的事实。因此，个体对周遭的一切都充满了愤怒，想要逃避这一事实，好像这样自己就不用面对。其实，人的离开，不论是以哪种形式，都是悲伤的，不会因为你知道得晚一点儿或拒绝面对而减少。如果我们遇到伤心难过的事情总是选择逃避，一味地逃离痛苦的人、痛苦的地方，这往往会降低人的承受能力，而且痛苦的情绪并不会因此消失，它只是被压抑，或是转换成了别的方式与我们并存。

这是小艾第一次面对亲人离世，也是小艾学习面对丧失、面对死亡的关键一课。咨询师需要帮助小艾学习如何应对哀伤，调整自己的情绪和感受。首先要协助小艾释放压抑在心中的悲痛，让她哭个痛快。让她将不能在同学面前表达的情绪尽量地表达，协助她完成哀悼的过程。小艾整个暑假都和同学出去玩，来到大学也在扮演着一个快乐的人，所有的伪装都是想让自己忘记悲伤。然而这些悲伤非但没有忘记，反而在内心变得更加汹涌。往往在夜深人静的时候，她就觉得自己承受不住了。在咨询中，咨询师的共情和倾听逐渐帮助她把复杂的情绪宣泄出来。

（二）协助处理小艾潜藏的心结

经过多次的支持、抚慰，咨询师开始协助她处理藏在内心的郁结——对没有见到妈妈最后一眼的愧疚（如果自己不出去玩，高考完先见爸爸，也许就可以看到妈妈最后一眼）。小艾对这件事一直耿耿于怀，咨询师鼓励小艾给妈妈写一封信，表达她想说而没有来得及说的话，疏解压在心中的内疚和自责，用这封信和妈妈道歉、道别。同时，这里面还有对爸爸的心结，即对爸爸多年在外的恨，对爸爸没有及时告知自己妈妈情况的恨。小艾和爸爸的关系其实早就危机重重，妈妈的离世让这个危机爆发出来。咨询师通过角色扮演和对细节的提问，帮助她看到爸爸的付出和不容易，让她能在一定程度上理解爸爸。此外，与小艾一起梳理她的成长史，唤醒她曾经和父亲、母亲拥有的快乐时光，重新帮助她建立与父母的联结。

（三）将情绪活力重新投注到新的关系上

最后，咨询师帮助小艾开放地谈论妈妈，谈她的幸福，也谈她的不幸，引导她看到妈妈的离去不是人为刻意安排或者可以自主选择的，这是我们无法左右的事情。事实上，如果妈妈在世，也不愿看到小艾不开心。她需要往前看，想想妈妈最希望的是什么，引导她将情绪的活力重新投注在新的关系上。她失去了妈妈，爸爸也失去了妻子。她和爸爸都需要重新学习，重新适应，通过时间，真正地治愈自己。

第三节　哀伤的应对与调试

一、哀伤的历程

大量的研究发现，哀伤历经四个过程：

（1）接受丧失的事实。

（2）经历悲伤的痛苦。

（3）重新适应逝者不存在的新环境。

（4）将情绪的活力重新投注在其他关系之上。

二、哀伤的应对

面对亲人的丧失，以下这些策略将围绕哀伤的四个历程帮助我们接纳丧失亲人的感受，向死者告别，以健康的方式把情感投注到新的关系中，重建关系网络。一般而言，度过哀伤的方式没有对错好坏之分，取决于它是否对你有效。不违反法律、道德，不伤害别人，就是适合你的方法。

（一）策略一：心灵对话——给他/她写一封信

在写这封信之前，请你先找一个安静的不被人打扰的空间，可以是你独自完成，也可以与给你支持的人或是你非常亲近、信任的人一起完成。下面为你提供了一些思路，你可以从这些句子入手，进一步扩展、丰富。

亲爱的__________：

我们已离别有__________（时间），每当我想和你沟通时，我感觉__________________，我现在意识到______________________________。

当我想起你时，我记得______________________________。

最后一次见面，我记得______________________________。

这些回忆让我感觉______________________________。

对不起，我______________________________。

如果你还活着，我希望我可以______________________________。

如果你还活着，我希望你可以______________________________。

如果你还活着，你希望我______________________________。

你一直不明白的是________________________________。

我有一个问题，一直想问你，________________________。

我一直希望你可以对我说____________________________。

我想让你知道__________________________________。

……

在这封信中，你可以道别，可以道歉，可以表达爱，可以道谢，也可以追问……不管是哪一种，你都可以试着写这封信，表达你想说而没有来得及说出的话，疏解压在你心中的情绪。如果你写着写着难过地哭了，这都是很正常的表现。请你先别急着让自己坚强，允许自己在这个情绪里待一会儿。如果你独自写这封信，你可以试着念念它，就像是对他诉说，读完抱抱自己。如果你和同伴一起，你们写完信可以互相念给对方听，做一些讨论和分享。

（二）策略二：送给他/她一份礼物

你可以为逝去的亲人或朋友制作一份礼物。将你的情感融入这份礼物，去安放你的哀伤。例如，叠一只千纸鹤，或者做一个对你们来说有纪念意义的小物品。

（三）策略三：给自己一个运动的时间

选择可以释放情绪的运动，进行一些休闲娱乐活动。如与朋友一起爬山、打球、慢跑、参加公益活动等。研究发现，当人们在运动的时候大脑会释放多巴胺，能够有效地调节情绪。

（四）策略四：培养兴趣

培养一个兴趣爱好。请找一张纸，列出自己的兴趣清单，尝试将时间投入其中，帮助自己度过哀伤的日子。

第三篇

做一个行动派

ZUO YIGE XINGDONGPAI

第十章　寻找行动力

第一节　目标确立

大学阶段是个体确立人生观、价值观的黄金阶段。此时，大学生拥有更多的自主权，而目标的确立对其成长成才至关重要。我们常常把目标比作灯塔，它不仅能指引方向，而且能成为前进中的动力源泉。缺乏目标或目标不合理都给大学生的身心健康带来消极影响。

下面我们将介绍目标确立的几个小策略，帮助你找到前行的灯塔。

一、策略一：厘清你的目标

SMART 原则①常常有助于我们制订一个有效的目标，其内容如下：

“S”（specific）——目标必须是明确的、具体的、清晰的。

“M”（measurable）——目标必须是可以测量的、可以评估的。

“A”（attainable）——目标必须是可行的、可以实现的或者说通过努力能实现的。

“R”（relevant）——目标必须是与你的其他目标具有相关性的。

---

① 宁琳、孙艳红、刘迎春：《基于 SMART 原则的高校图书馆工作目标管理》，《图书馆学刊》2011 年第 5 期。

“T”（time-based）——目标必须要有明确的时间期限。

例如，你想创建一个学院的辩论社团，请你把这五个原则转化成五个问题：

“S”问句：____________________

“M”问句：____________________

“A”问句：____________________

“R”问句：____________________

“T”问句：____________________

参考答案：

“S”问句：你想创办一个什么样的辩论社团？

“M”问句：怎样才算成功创办了这个辩论社团？

“A”问句：你通过怎样的努力可以做到？

“R”问句：你创办这个社团的目的是什么？对你的生活会有什么影响？

“T”问句：你计划用多长时间完成它？什么时候开始？

备注：你可以结合这个例子，使用SMART原则帮助你确立目标。你可以围绕这五个问题展开头脑风暴，相信对这些问题的思考会让你的目标越来越清晰。

二、策略二：目标分解

当目标制订之后，你需要进一步将目标分解。请结合上面的例子，针对创办一个辩论社团，将目标分解。下面的问题将帮助你完成目标分解的工作。

（1）目标是什么？

____

（2）实现这个目标我有哪些优势？

____

（3）目前，实现这个目标最大的阻力是什么？

____

（4）实现目标的行为有哪些？

____

（5）半年内，我应该达到的目标是什么？

____

（6）30 天内，我应该达到的目标是什么？

____

（7）2 周内，我应该达到的目标是什么？

____

（8）7 天内，我应该达到的目标是什么？

____

（9）3 天内，我应该达到的目标是什么？

____

（10）每天，我应该达到的目标是什么？

____

特别要说明的是，该目标在分解的时候，每一个小目标都应该满足 SMART 原则。

第二节　行为激活

从本书前几章的分析中，我们不难发现，挫折情境常常会诱发个体的消极情绪。大部分处在消极情绪下的大学生会出现精力下降、易疲劳、社交退缩、活动度低等表现。而这些表现本身就难以获得积极的情绪体验，继而会进一步加重消极情绪，从而形成恶性循环。

认知行为疗法认为，针对这种情况，非常有效的应对方法就是行为激活，它对情绪的改善具有重要作用。行为激活旨在帮助个体寻找感到愉悦、有成就感的活动，增加这些活动的次数，减少个体烦躁状态的行为。通过编制行动计划并付诸实施，以行动对情绪的反作用来促进心理的好转。本节将介绍几种行为激活的策略。

一、策略一：行动反思清单

请用0—10分给你的消极情绪评分，以抑郁情绪为例，分数越高，抑郁情绪越严重，请依次写出以下几个问题的答案：

（1）消极情绪评分：____________

（2）目前做哪些活动会让你觉得好一点，让你的愉悦感最高？

____

（3）目前做哪些活动会让你的愉悦感最低？

____

（4）你最近一次感到愉悦是什么时候？当时在干什么？

____

思考这几个问题将有助于你接下来的行动，请尝试多做问题（2）和问题（4）中的活动，少做问题（3）中的活动。

二、策略二：记录并设计你的典型一天

有时，消极情绪中的个体，特别是处在抑郁状态中的个体很难回答上述三个问题。他们常常会说想不起来、不知道。这时候用表格记录每天的日程是非常精确、有效的方式。记录方法如下：

（1）以每个小时作为一个区间，记录你一周7天从早上起床到晚上睡觉的日程情况。

（2）请在每个时段的日程结束之后进行掌控感（A）和愉悦感（P）的评分：0—10分，A的分数越高，代表你感受到的掌控感越高，你的

胜任力越强；P 的分数越高，代表你感受到的愉悦感越高。如下表 10-1 所示：

表 10-1　日程记录表

	周一	周二	周三	周四	周五	周六	周日
7:00—8:00	起床洗漱 A=5，P=2						
8:00—9:00	去食堂吃早餐 A=4，P=4						
9:00—10:00	上课 A=2，P=1						
10:00—11:00							
11:00—12:00	刷手机 A=3，P=9						
…	…						

当你真实地记录了一周的日程之后，请在表中找出带给你更强的愉悦感和掌控感的活动。你可以把这些活动有计划地安排到你接下来的日程里，以增加愉悦感和掌控感为目标，重新设计下一周的日程。

最后，请在接下来的一周，按照设计后的日程表行动，观察你的心情会不会有所改善。

三、策略三：开启行动的马达

行为激活强调对具体行为的干预，鼓励个体选择有助于改善心情并且可以达到目标的行为，以此帮助个体有效地应对情绪问题。通过前两个策略的探索，我们已经找到了愉悦感、掌控感较高的活动，那么接下来开启这些活动就变得非常重要。

首先，请以这些活动为锚定点，从最容易实施的活动开始做起。可以尝试思考以下几个问题——开始的第一步需要做什么？谁可以提醒自己、帮助自己开始活动？这个行动对我的积极意义是什么？这几个问题有助于我们更快地开启行动。实践发现，在激活行为的过程中启动最难，一旦启动就成功了一半。

其次，请在完成某一项行动之后，及时地称赞自己。不要觉得这有点幼稚，其实它很有必要。我们需要肯定自己迈出的每一步，积极的自我暗示有助于提升个体的自尊和行动力。同时，我们也可以给自己一些小的奖励，持续地推动行为的发生。

再次，观察行动后自己的情绪是否有所好转。可以在行动前尝试预先打分，事后再根据实际感受进行打分。例如，去打羽毛球前你可能觉得愉悦感也就 1—2 分，但当真的在朋友的推动下运动了两个小时之后，发现出出汗的感觉还挺不错，你可能会打 7—8 分。你会逐渐发现，其实生活没有我们预想得那么糟糕。不断借助这些可见的及时的分数反馈，可以提高个体的自我效能感，从而达到改善情绪的目的。

最后，进行阶段性的小结。可以依托策略二中的“日程记录表”对当天或本周的状态进行自我评估，通过不断增加愉悦感和掌控感的活动来增强后续行为激活的动力。此外，本着“有效的多做，无效的少做或不做”的原则进行及时调整。

第三节　时间管理

现实生活中，每个人一天的时间都是 24 小时，但每个人利用时间的效率不尽相同。很多大学生都有这样的体验，我们的时间总是不能很好地服务于我们的安排。在刚开始做某一任务时，总觉得时间还早，不急，习惯性地被手机“绑架”，被零碎的琐事牵绊，工作越积越多。于是，习惯性地熬夜，在懊悔中寻找消失的时间。

本书的很多章节都涉及时间管理的问题。有效的时间管理可以很好地缓解我们的焦虑，提升我们的自我效能感。那么，你是否做好准备要改变了呢？以下是一些时间管理的策略（邹鑫，2014），希望对你有所启发。

一、策略一：时间探查

请依照以下四个步骤进行时间探查：

第一步，请在下面的括号中写出一周 5 个工作日中你认为自己在“集中精力学习”“无意义浪费时间”“真正的休息”上面所花费时间的比例，这是一个大概的预估值。

第二步，请在横线上写出你对“集中精力学习”“无意义浪费时间”“真正的休息”的描述，可以是你的理解，也可以用具体的行为举例。

（1）集中精力学习（　　）：________________________________

（2）无意义浪费时间（　　）：______________________________

（3）真正的休息（　　）：__________________________________

第三步，请在连续 5 个工作日中，每天从 8:00 到 24:00，在每个整点记录下自己究竟处于哪个状态，请在表 10-2 中对应的色块里打钩，以便最后统计。

第四步，在周末选一个不被打扰的时间，统计在过去的 80 个小时中，三种状态所占的时间比例。

表 10-2　时间监控表

——集中精力学习　——无意义浪费时间　——真正的休息

时间	星期一			星期二			星期三			星期四			星期五		
8:00															
9:00															
10:00															
11:00															
12:00															
13:00															
14:00															
15:00															
16:00															
17:00															
18:00															
19:00															
20:00															
21:00															
22:00															
23:00															
24:00															

数一数：集中精力学习______小时，所占比例为______%；

无意义浪费时间______小时，所占比例为______%；

真正的休息______小时，所占比例为______%。

分析：通过量化的方式，你可以看到“集中精力学习”“无意义浪费时间”和“真正的休息”在你生活中所占的比例，从而帮你回答

“时间都去哪了？”以及“你到底浪费了多少时间？”两个问题。请结合这三个状态的具体统计和你之前的预估比例，反思你目前的时间分配是否合理。

二、策略二：时间日记

浪费的时间都去哪了？为了更好地帮你了解你的时间都花在了哪里，请记录你的时间日记。

请选取某一天，每隔一小时在“时间记录表”中写出下一个小时计划做的事情，一个小时结束之后记录实际结果，以及是否达到预期，并坚持一整天。这将帮你找到你的时间黑洞，为后面的改变做准备。

表 10-3 时间记录表

时间	预期结果	实际结果	是否达到预期
8:00—9:00			
9:00—10:00			
10:00—11:00			
11:00—12:00			
12:00—13:00			
13:00—14:00			
14:00—15:00			
…			

除去 12:00—13:00 的午饭时间，假设你记录的时间结果如表 10-4：

表 10-4 时间记录表

时间	预期结果	实际结果	是否达到预期
8:00—9:00	运动打卡 30 分钟	运动打卡 30 分钟	√
9:00—10:00	完成课程小论文	刷朋友圈、刷抖音	×
10:00—11:00	完成课程小论文	刚开始写被家人电话打断	×
11:00—12:00	完成课程汇报的 PPT	和舍友聊天，没有完成	×
13:00—14:00	修复路由器故障	修复路由器故障	√
14：00—15：00	完成课程汇报的 PPT	完成课程汇报的 PPT	√
15：00—16：00	完成课程小论文	网上购物	×
16：00—17：00	做 4 篇英语阅读理解	取快递，没有完成	×

从这份清单里，我们可以看出你在这一天内应该完成的事情共有 5 件。

（1）运动打卡 30 分钟。

（2）完成课程小论文。

（3）完成课程汇报的 PPT。

（4）修复路由器故障。

（5）做 4 篇英语阅读理解。

其中：

（1）按计划完成了 2 件（运动打卡 30 分钟；修复路由器故障）。

（2）延时完成了 1 件（完成课程汇报的 PPT）。

（3）没有完成 2 件（完成课程小论文、做 4 篇英语阅读理解）。

按计划完成的原因是：早晨起来运动已经是一个习惯，因此能按计划完成。路由器故障导致全宿舍不能上网，也影响自己上网查资料、制作 PPT。修复路由器故障非常重要而且紧迫，因此按计划完成。

延时完成的原因是：和舍友聊起了最近的明星八卦，注意力被转移，无法集中精力完成课程汇报的 PPT，原本 1 小时就能完成，实际上用了 2 倍的时间。

没有完成的原因是：其一，从时间上看，课程小论文的提交距离截止日期还有 2 天，不是特别紧急，今天没有完成还可以明天继续做。英语阅读理解是自己给自己布置的作业，距离四级考试还有很长的时间，时间还充裕。其二，对课程小论文和英语阅读理解的任务，内心比较抵触，完成起来花费的精力相对较多。其三，刷朋友圈、刷抖音和上网买衣服更愉悦，不知不觉时间就溜走了，占用了大部分时间。其四，临时接到家人电话、取快递，打乱了原本的计划。

结合这个例子，我们可以通过时间日记反思我们的计划是否可以达到预期，以及可能出现的原因。其实，我们的时间有主动和被动之分。有计划地做某件事并达到预期效果而运用的时间，我们称之为主动时间。有些事情我们并没有事先计划，时间不知不觉就溜走了，我们称之为被动时间。有时手机的一条提示消息，我们可能觉得看 5 分钟手机或者刷几分钟朋友圈没问题，但事实证明，当我们的注意力被打断之后，想要重新集中注意力往往要花费更多的时间。我们好像跌入了时间黑洞，被动时间被延长，而主动时间也被破坏。

因此，你要利用这个表思考 3 件事：

第一，如何避免主动时间被破坏。哪些事情转移了你的注意力，吸走了你的时间？从这个例子中可以看出，我们可以尝试关掉手机 APP 的信息提醒声音、手机静音、设置“番茄钟”帮助自己集中注意力，尽量找一个不被人打扰的学习环境，做一张待做清单以明确任务、提高效率。寻找一些对你有效的策略是尽量避开时间黑洞的第一步。

第二，思考什么时候自己效率最高。可以进行为期一周的时间记录，利用图表分析一天中你的高效时间段，即在这一时间段，你的时间投入与产出比相对较高。将重要事情放在这一时间段优先处理。

第三，对于不紧急的、有难度的任务，要思考如何增强自控力、不拖延。你可以设置任务的最后期限，并将任务分解成足够小的单元，设置完成时间进行逐一突破，同时给自己一些阶段性的奖励激发自己的行动力。下文的“四象限法则”可以帮助你结合事项的特点制订计划。

三、策略三：活用四象限法则

著名管理学家史蒂芬·柯维（Stephen R. Covey，2018）提出“四象限法则”用于时间管理，将事情按照重要和紧急的程度划分为4个象限：重要且紧急、重要但不紧急、不重要且不紧急、不重要但紧急。如图10-1所示。

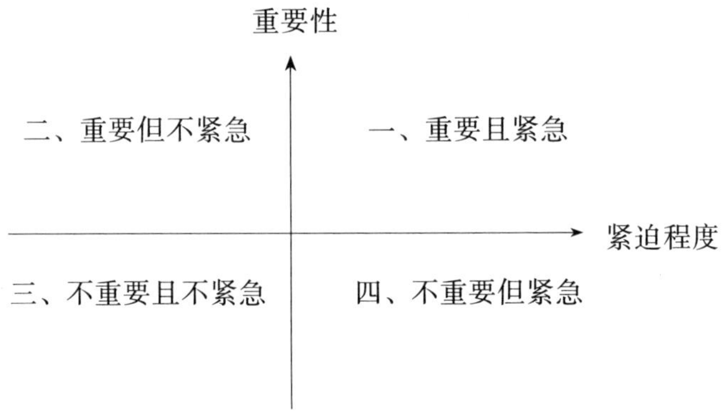

图10-1　时间管理四象限法则

第一步，重新梳理待办事项清单，请在下表中先填出待办事项，然后根据该事项在你心中的重要程度，填写“重要”或“不重要”；再结合任务的截止时间，填写“紧急”或“不紧急”；最后，按照自己的意愿给出所有任务的优先级：“高”“中”“低”。

第二步，将你的待办事项放入时间管理四象限。

第三步，分析哪一象限的事项最多，根据四象限法则，进行有针对性地调整、改善。

表 10-5　待办事项清单

序号	待办事项	重要程度	紧迫程度	优先级
1				
2				
3				
4				
5				
6				
7				
8				
9				
10				

一般而言，处理四象限中的事项应遵循下列原则：

第一象限：立即行动，切勿拖延！我们的压力大部分来自于第一象限。第一象限布满了危机事项，给我们带来了大量的麻烦和冲突，这个象限的事项越少我们的自由度越高。其实第一象限 80％的事项都来自于第二象限没有及时处理好的事项。举例来说，对大三的同学而言，准备毕业论文是“重要但不紧急”事件，但如果拖到大四第二学期，这件事就成了“重要且紧急”事项。无形中，我们陷入了自己制造的危机中，这个压力其实早点行动是可以避免的。

第二象限：有计划地去做！很多事项不能因为它不紧急，就不去处理。我们需要将时间多投资于第二象限，及时将事项分解，并且制订具体的时间推进表，这样我们每次投入的时间不多，但可以循序渐进地推进任务的完成。举个例子，我们每天往存钱罐投入1元钱，好像微不足道，但日积月累，它就会变成一笔可观的财富。当计划完成时，及时自我奖励，鼓励自己未来更好地执行。

第三象限：尽量在第一象限和第二象限的事项完成前，少做！这个象限的事项大部分是娱乐和可有可无的事。由于时间是有限的，如果我们大部分时间投入到这些事项上，很容易陷入时间黑洞，浪费时间不说，也压缩了处理其他重要事项的时间，导致我们在第一、第四象限面临更大的压力，紧张、焦虑也接踵而至。但是，当我们疲惫的时候，利用这一象限的娱乐活动来调整一下心态、放松身体，做一个缓冲也是很好的。

第四象限：交给别人去做！第四象限的事项总是让我们像救火队员一样，到处救火，疲惫不堪，这是我们焦虑、疲惫的源头。这个象限需要我们开动脑筋，借力打力，运用自身资源寻求支持。我们可以放权给周围的人来做，或者委婉地拒绝，以保证自己的精力可以集中到重要事项上。

参考文献

边玉芳，2014．注意能够持续多久？——儿童注意稳定性的实验[J]．中小学心理健康教育（2）：33-34.

蔡焯基，马辛，王择青，等，2012．中国人心理健康标准制订研究[J]．中华健康管理学杂志，6（2）：119-123.

戴维·迈尔斯，2016．社会心理学[M]．11版．侯玉波，乐国安，张智勇，等译．北京：人民邮电出版社.

戴晓阳，2015．常用心理评估量表手册[M]．北京：人民军医出版社.

郭念锋，2015．国家职业资格培训教程：心理咨询师三级[M]．北京：民族出版社.

贺金波，洪伟琦，鲍远纯，等，2012．网络成瘾者的大脑异于常人吗？[J]．心理科学进展，20（12）：2033-2041.

胡雅茹，2014．我的第一本思维导图入门书[M]．北京：北京时代华文书局.

Judith S. Beck，2013．认知疗法基础与应用[M]．2版．张怡，孙凌，王辰怡，等译．北京：中国轻工业出版社.

李娇，金一波，劳晓燕，等，2013．大学生害羞与自我意识情况的调查及其相关研究[J]．中国健康心理学杂志，21（8）：1264-1267.

李雪冰，罗跃嘉，2007．情绪和记忆的相互作用[J]．心理科学进展，15（1）：3-7.

连榕，杨丽娴，吴兰花，2005. 大学生的专业承诺、学习倦怠的关系与量表编制[J]. 心理学报，37（5）：632-636.

廖泽英，2000. 试论学习方式差异与因材施教[J]. 学科教育（5）：21-24.

刘建鸿，李晓文，2007. 哀伤研究：新的视角与理论整合[J]. 心理科学进展，15（3）：470-475.

刘燕吉，张洋，2013. 大三年级，"路口"选择就在当下——兴趣岛测试在生涯选择中的应用[J]. 中国大学生就业（23）：57-58.

聂衍刚，张卫，彭以松，等，2007. 青少年自我意识的功能结构及测评的研究[J]. 心理科学，30（2）：411-414.

宁琳，孙艳红，刘迎春，2011. 基于 SMART 原则的高校图书馆工作目标管理[J]. 图书馆学刊，33（5）：25-27.

史蒂芬·柯维，2018. 高效能人士的七个习惯[M]. 高新勇，王亦冰，葛雪蕾，译. 北京：中国青年出版社.

陶然，黄秀琴，王吉囡，等，2008. 网络成瘾临床诊断标准的制订[J]. 解放军医学杂志，33（10）：1188-1191.

王建平，刘新宪，2019. 哀伤理论与实务[M]. 北京：北京师范大学出版社.

维克多·弗兰克尔，2018. 活出生命的意义[M]. 吕娜，译. 北京：华夏出版社.

薛定谔，2018. 生命是什么[M]. 周程，胡万亨，译. 北京：北京大学出版社.

张伟，2006. SQ3R 学习法探究与反思[J]. 教育革新（3）：33.

邹鑫，2014. 小强升职记：时间管理故事书[M]. 北京：电子工业出版社.

BACK M D, SCHMUKLE S C, EGLOFF B, 2008. Becoming friends by chance[J]. Psychological Science, 19(5): 439-440.

DE HOUWER J, THOMAS S, BAEYENS F, 2001. Associative learning of likes and dislikes: A review of 25 years of research on human evaluative conditioning[J]. Psychological Bulletin, 127(6): 853-869.

LANGLOIS J H, KALAKANIS L, RUBENSTEIN A J, et al., 2000. Maxims or myths of beauty? A meta-analytic and theoretical review[J]. Psychological Bulletin, 126(3): 390-423.

MONTOYA R M, INSKO C A, 2008. Toward a more complete understanding of the reciprocity of liking effect[J]. European Journal of Social Psychology, 38(3): 477-498.

SAMPSON JR J P, PETERSON G W, LENZ J G, et al., 1992. A cognitive approach to career services: Translating concepts into practice [J]. The Career Development Quarterly, 41(1): 67-74.

SHEPPARD L D, GOFFIN R D, LEWIS R J, et al., 2011. The effect of target attractiveness and rating method on the accuracy of trait ratings[J]. Journal of Personnel Psychology, 10(1): 24-33.

VERKLAN M T, 2007. Johari window: A model for communicating to each other[J]. The Journal of Perinatal & Neonatal Nursing, 21(2): 173-174.

附录　自助图书推荐

1.《心理学改变生活》

作者：［美］史蒂文 J. 基尔希、卡伦·格罗弗·达菲、伊斯特伍德·阿特沃特

推荐理由：本书是一本与日常生活密切相关的经典心理学读物。它专为对心理学应用感兴趣的读者而著，通过把心理学知识和原理应用到自己的生活中，使读者可以更清楚地了解自己的生活为什么会这样、应该是什么样子以及如何做出改变。它从各个方面给我们以指引：既有对自我价值的定位，也有对成长历程的全面分析，还有如何管理自己的健康、动机、情绪等，更有如何处理工作与娱乐、爱与承诺、压力、心理障碍、临终与哀伤等的技巧，以及如何寻求心理帮助。心理学可以改变生活，我们的未来也完全可以更美好。

2.《小王子》

作者：［法］安托万·德·圣埃克苏佩里

推荐理由：《小王子》是一本为大人而写的充满激情的寓言，它以一位飞行员的口吻，讲述了小王子的故事。小王子来自于一个非常小的星球。由于和他那美丽又骄傲的玫瑰花闹了别扭，小王子离开了他的星球开始独自旅行。他先后拜访了其他六个星球，分别遇到了傲慢的国王、爱慕虚荣的人、酒鬼、商人、尽忠职守的点灯人和死守教条的地理学家。他对一切都充满了困惑，并觉得大人们实在是太奇怪了。终于，他来到了地球，遇到了蛇、狐狸和铁路扳道工，同他们建立了

友谊，渐渐明白了什么是爱、责任和生命，得到了人生的真谛。于是，他决定回到自己的星球……文章有种神秘的色彩，与各种各样的人对话时，小王子那充满童真却又不失哲理性的语句令人深思。也许，看东西只有用心才能看得清楚，重要的东西用眼睛是看不见的。

3.《拥抱你的内在小孩》

作者：［美］克里希那南达、阿曼娜

推荐理由：恐惧在我们很小的时候就住进了我们的内心。相比成人，儿童还未发展出足够的勇气和智慧来面对伤害，面对恐惧。在日常生活中，这些恐惧会幻化成愤怒、悲伤、嫉妒、自卑、退缩等不同的负面情绪，让我们措手不及，而这其实是一个受了伤的内在小孩被触动了。随着不断长大，我们会拥有越来越多的资源。这本书将教你运用自己的资源去疗愈自己的内在小孩，拥抱你内心那个脆弱受伤的小孩，聆听他，安抚他，对自己的每一部分给予温柔的关心。一旦我们的内在小孩获得了治愈，他的喜悦、创造力、生命力、信任等特质，就能为我们的生活带来无尽的乐趣和希望。

4.《自我》

作者：［美］乔纳森·布朗、玛格丽特·布朗

推荐理由：心理活动的方方面面都与人的自我意识有关，自我一直是心理学关注的热点。我到底是谁？如何对他人和环境做出思考和反应？如何才能更好地了解自己？如何调节自己的情绪和行为以实现期望的目标？……为什么有人如此悲观和消沉，也有人面对压力和失败却能如此乐观、坚韧不屈？什么是自尊？为什么我看待世界的方式与别人迥异？这本书详细地回答了这些问题，从自尊、自我调节、自我监控、自我中心的偏差、刻板印象、认知失调、文化对自我概念的塑造等内容入手，剖析了这些概念的变化历程和社会心理学中自我研究的价值。这本书表述通俗易懂，读来轻松有趣，有助于个体更深入地发现自我、认识自我。

5.《我知道你不知道的自己在想什么》

作者：果壳

推荐理由：本书对市面上大行其道的伪心理学说“不”。对身边发生的种种常见现象，人们通常都有约定俗成的说法，但在心理学家看来，其中却蕴含着另一番科学解释。这本书通过有趣的事例教你认识真正的自己！

6.《自卑与超越》

作者：［奥地利］阿尔弗雷德·阿德勒

推荐理由：每个人都有不同程度的自卑感，然而对优越感的追求是所有人的共性。自卑和自卑的补偿性是人类个体和整个文明的动力源。人可以超越自卑，创造另一个自我，但超越了当下的自我之后，会产生新的自卑，因为不满足来自人类灵魂深处。作者从个体心理学观点出发，用通俗生动的语言分析人们在童年时期的自卑与优越心理，从教育、家庭、社交、工作、婚姻等多个领域，用大量实例阐明了人生道路的方向和人生意义的真谛。这本书有助于人们正确认识自己，解开自卑情结，构筑强大内心，更好地建立人际关系、融入社会生活。对很多人来说，《自卑与超越》都是一部不可错过的经典心理学读物。

7.《我和你——人际关系的解析》

作者：［美］朱瑟琳·乔赛尔森

推荐理由：沙利文认为，人类的精神疾患皆源于人际关系的不良运行。很多时候，我们都会处在人际困扰中。本书的一大特色是提出了一个在情感上和他人建立紧密联系非常重要的由八个维度构成的关系模型：抱持、依恋、激情体验、坦诚相见的确认、理想化与认同感、共同性与共鸣、嵌入、照料。这一模型可以帮助我们更好地理解我们自己以及他人在关系中的表现，从而更好地发展关系，发掘快乐的根源。

8.《跳出头脑，融入生活》

作者：［美］史蒂文・C. 海斯、斯宾斯・史密斯

推荐理由：这本书是关于接纳承诺疗法（ACT）理论的自助图书。这是一本关于如何走出痛苦、拥抱生活的书。它没有教你用一己之力来战胜内心的挣扎，然后再开始自己的人生，而是告诉你如何活在当下，并且全身心地去生活——接纳（而不是抛开）自己的过往，接纳自己的记忆，接纳自己的恐惧以及接纳自己的悲伤，从而帮助你减轻痛苦，给你力量，让你能过上有价值、有意义、有尊严的生活。

9.《亲密关系》

作者：［加］克里斯多福・孟

推荐理由：人是社会中的人，几乎每个人都有亲密关系的烦恼。亲密关系并不局限于男女的爱情关系，只要两个人亲密到一定程度，向对方敞开到一定程度，如室友、同学、同事、朋友、家人之间的关系，都可以算是亲密关系的一种。当然，伴侣之间的亲密关系是能量最大、张力最强的，同时也是冲突最大的一种关系。这本书不仅仅是一本自助手册，也是一本很好的个人发展指南，可以帮助我们去理解关系，理解爱与责任。

10.《让你快乐起来的心理自助法》

作者：［美］阿尔伯特・艾利斯

推荐理由：本书提到每个人的心里都住着两个“我”：一个是真实快乐的“我”，一个是假装悲伤的“我”。我们有一些与生俱来的让自己陷入严重焦虑、抑郁、愤怒、自我憎恨或自我怜悯的倾向性。我们具有让自己烦恼的能力，同时也具有让自己快乐的能力。你能够改变让你烦恼的思想、情感和行为，让烦恼远离你，也让你不再那么轻易地就自我攻击。本书试图引导你长期而有效地坚持使用理性情绪行为疗法，一直到你能够运用自如，习惯成自然。这样，当生活中的消极因素出现时，或者说你让它们出现时，你就能从这些消极因素中跳出

来，远离烦恼。

11.《正能量》

作者：［英］怀斯曼

推荐理由：本书揭示了积极情绪对人的影响作用，并对“幸福指数”“身体与情绪之间的关系”等课题做了深入研究，为读者打开了一扇重新认识自己和他人的窗户，并结合数十个科学的实验案例和训练方法，教我们如何激发自身的潜能，尝试摆脱或改变破坏性的能量，让积极的情绪和行为引导自己，引出内在的正能量。

12.《自尊》

作者：［美］马修·麦凯、帕特里克·范宁

推荐理由：这是一本帮助个体重建自尊的自助经典读物。积极的自尊是健康人格的核心，然而我们常常会在困境中自我质疑，认识不到自我价值，批判和否定自己，想方设法地逃避……这本书提供了一套经证实有效的认知技巧，用于评估、改进和保持你的自尊，帮助你挣脱枷锁，建立持久的自信与自我价值。

13.《生命的重建》

作者：［美］露易丝·海

推荐理由：本书作者从自己的经历和故事入手，为我们揭示了追求身心和谐的心理模式，指出了重建和谐生命的道路。如果可以选择，你依然愿意过现在的人生吗？生命历程中的快乐、忧伤、痛苦的情绪，都会铭刻在我们的心里或身体上，深深地影响我们对世界和自己的态度。带着对生命历程的追问，这本书将带我们穿越生命的困苦与孤独，解放我们的心灵，找到生命的价值，重建我们美好的生命。

14.《你的降落伞是什么颜色》

作者：［美］理查德·尼尔森·鲍利斯

推荐理由：这本书被美国国会图书馆收入“影响人生的 25 本著

作”，入选《时代周刊》从1923年创刊以来“深具影响力的100本书”。本书内容涉及简历面试、薪酬谈判、自我盘点、选择工作以及如何创业等方面，被誉为求职圣经。这本书可以指导求职者了解求职的技巧，也可以帮助求职者梳理自己的优势，同时也是一本让人生不断进阶的改变之书。书中分享了求职面试的16条提示和选择工作的5大步骤，条理清晰，操作性强。求职者可以对照清单直接行动，找到理想中的工作。

15.《穿过抑郁的正念之道》

作者：［英］马克威廉姆斯、约翰蒂斯代尔，［加］辛德尔西格尔，［美］乔卡巴金

推荐理由：当你处在焦虑、抑郁的漩涡中，如果总是试图像解决问题一样去处理坏心情，常常无济于事。这是因为坏心情就像一个沼泽，你越努力挣扎，就会越陷越深。伤害我们的并非痛苦本身，而是我们应对它的方式。本书是正念领域里非常经典的一本书，可以帮助你轻松掌握正念技巧，让你彻底打破长期以来痛苦的恶性循环，减少导致绝望和自责的思维习惯，在喧嚣忙乱的生活中保持清醒的觉知，接纳自己，坦然地面对人生的挑战，重获心灵的宁静。

16.《自控力》

作者：［美］凯利·麦格尼格尔

推荐理由：这本书分为10章，对应作者在斯坦福大学开设的为期10周的课程。课堂调查显示，97％的学生认为对自己的行为有了更好的理解，84％的学生表示课堂教授的方法有效地提升了自己的意志力。这本书每章都讲述一个中心概念，破除一个关于“自控力”的错误观念，并提供了一种提升自控力的全新策略，教你如何应用到你的目标上。提高自控力的有效途径，在于弄清自己如何失控、为何失控。大多数关于改变和成长的书，都在帮助你设定目标、达成目标，但这本书会帮助你分析原因，告诉你为何至今还没有彻底成为更好的自己。

其实，只有找到失控的原因，才能够躲开“自控力失效”的陷阱。无论何时，只要你想做出改变或者完成目标，就可以利用这本书的“10周课程结构”，来训练和升级你的自控力。